SO-BNT-058

ANTES DE QUE
OPRIMA
EVIAR

ANTES DE QUE OPRIMA ENVIAR

DR. EMERSON EGGERICHS

AUTOR *best seller* DEL *New York Times* DE *Amor y Respeto*

GRUPO NELSON
Una división de Thomas Nelson Publishers
Desde 1798

NASHVILLE   MÉXICO DF.   RÍO DE JANEIRO

© 2017 por Grupo Nelson®
Publicado en Nashville, Tennessee, Estados Unidos de América.
Grupo Nelson es una marca registrada de Thomas Nelson.
www.gruponelson.com

Título en inglés: *Before You Hit Send*
© 2017 por Emerson Eggerichs
Publicado en Nashville, Tennessee, por W Publishing, un sello de Thomas Nelson. Thomas Nelson es una
marca registrada de HarperCollins Christian Publishing.

Todos los derechos reservados. Ninguna porción de este libro podrá ser reproducida,
almacenada en ningún sistema de recuperación, o transmitida en cualquier forma o
por cualquier medio —mecánicos, fotocopias, grabación u otro—, excepto por citas
breves en revistas impresas, sin la autorización previa por escrito de la editorial.

A menos que se indique lo contrario, todas las citas bíblicas han sido tomadas de la Nueva Biblia
Latinoamericana de Hoy, © 1960, 1962, 1963, 1968, 1971, 1972, 1973, 1975, 1977, 1995 por Lockman
Foundation. Usada con permiso.

Las citas bíblicas marcadas «RVC» son de la Reina Valera Contemporánea. ©1991, 1992, 1995 por
American Bible Society. Usada con permiso.

Las citas bíblicas marcadas «PDT» son de la Palabra de Dios para Todos ®. © 1995 Palabra de Dios a las
naciones. Usada con permiso de Baker Publishing Group. Todos los derechos reservados.

Las citas bíblicas marcadas «NVI» son de la Santa Biblia, Nueva Versión Internacional®, NVI®. © 1995,
1996, 1998, 2014 por Bíblica, Inc.® Usada con permiso de Zondervan. Todos los derechos reservados.

Las citas bíblicas marcadas «NTV» son de la Santa Biblia, Nueva Traducción Viviente. © 1996, 2004, 2007,
2013, 2015 por Tyndale House Foundation. Usada con permiso de Tyndale House Publishers, Inc., Carol
Stream, Illinois 60188. Todos los derechos reservados.

Editora en Jefe: *Graciela Lelli*
Traducción: *Abigail Aliende*
Adaptación del diseño al español: *Grupo Nivel Uno, Inc.*

ISBN: 978-1-41859-7-641

Impreso en Estados Unidos de América
17 18 19 20 LSC 6 5 4 3 2 1

Mis dos nietos —Jackson, 6 y Ada, 2—, provocan en Sarah («Mimi») y en mí (Poppi) un profundo deleite. Tenemos un refrán en un cuadro, que lee: «La crianza que los abuelos proporcionan es lo único en la vida que no puede sobrevalorarse».

Sin embargo, cuando imagino el futuro de ellos, ¿acaso cualquiera de nosotros debe subestimar el mundo que heredarán? ¿Cómo navegarán en sus relaciones con las demás personas del mundo? Sabemos que la mayoría de las culturas estarán al alcance de sus dedos, literalmente, a través del correo electrónico, los textos, los tuits y mucho más. Podrán comunicarse con cualquiera, en cualquier lugar, a través de Skype y FaceTime.

Por tanto, dedico este libro a Jackson y Ada Joy Marie para que les ayude a guiar sus pensamientos y sus palabras. Este libro les desafía a pensar antes de hablar y les recuerda que deben considerar cuatro interrogantes antes de expresarse: ¿Es verdad? ¿Es bondadoso? ¿Es necesario? ¿Es claro?

Si la respuesta es negativa, no pulse enviar.

Si es afirmativa, Poppi dice: «¡Pulse enviar!».

CONTENIDO

VERDAD, BONDAD, NECESARIO Y CLARO: LA BASE CUADRANGULAR DE LA COMUNICACIÓN

Danza como si nadie observara; escribe como si
algún día se leyera en voz alta en una deposición.

—Olivia Nuzzi, *The Daily Beast*

Este refrán citado por Olivia Nuzzi del periódico *The Daily Beast*, surgió del montón de los casi veinte mil correos electrónicos del Comité Nacional Demócrata, previo a la convención nacional en el 2016.[1]

Cada veinticuatro horas se envían 205 mil millones de correos electrónicos a través del ciberespacio;[2] cada sesenta segundos, 510 comentarios se publican en Facebook (eso indica 734 mil publicaciones por día);[3] y cada segundo, casi seis mil tuits se publican a través de la Internet para que lean todos los usuarios de Twitter, totalizando 350 mil tuits por minuto y 500 millones de tuits por día.[4]

Aunque puede que nos mareen todas estas estadísticas, ¿sería justo decir que de los cientos de billones de comunicaciones vía redes sociales (que ni siquiera incluye las que se publican por YouTube, Pinterest, Google Plus, Tumblr, Instagram o las innumerables otras plataformas que se crean cada año), un gran número de escritores hubieran querido tomarse el tiempo para pensar y revisar el contenido de lo que comunicaban, e incluso borrar completamente el mensaje que enviaron precipitadamente en un momento de emoción?

Cuando eso le sucede a usted, a un familiar o a un empleado, entonces comprende la angustia que puede causar y cuán importante puede llegar a ser.

¿Qué ocurre con el deportista que no puede evitar publicar todas sus opiniones sobre la liga o el equipo en el que juega, que quizá no entiende que la libertad de expresión no significa que no sufrirá consecuencias por parte de su empleador?

O, ¿esa política a la que los medios de comunicación y las organizaciones vigilantes analizan cada comentario que hace y no dudan en publicar sus propias suposiciones de lo que la candidata está declarando?

O, ¿qué con el personaje televisivo que no tarda en publicar opiniones controversiales que disgustan a los espectadores produciendo tanto escándalo y reacción que se hace necesaria una suspensión o aun su despido?

Sin embargo, uno no tiene que ser el centro de atención —necesariamente— para lamentar el envío de un correo electrónico o una publicación por las redes sociales.

Consideremos, por ejemplo, a una solicitante de trabajo —en una firma importante de programas de computación—

que tuiteó que le hicieron una oferta laboral, pero que ahora ella tenía que *comparar la ganancia de un buen cheque con el viaje diario a San José y su aversión por el trabajo.* Poco después de su mal pensado tuit, recibió una contestación de un empleado de la firma que procuraba contratarla, diciendo: ¿*Quién es el gerente de contratación? Estoy seguro que le encantaría saber que detestarás el trabajo. Aquí, en Cisco, somos expertos en la red.*[5]

Justine Sacco era jefa de comunicaciones para un conglomerado de medios comunicacionales, vivía en New York y mientras volaba hacia África del Sur, para pasar la Navidad, publicó un tuit que decía: *De viaje a África. Espero no contraer SIDA. Es un chiste. ¡Soy blanca!* Después de que el avión aterrizara, se enteró que su tuit se hizo viral, en consecuencia su jefe la despidió; por lo que experimentó muchas hostilidades inimaginables.[6]

Sacco envió lo que consideraba un tuit tonto, irónico, excepcional. Pero los lectores no lo percibieron así. De inmediato se convirtió en la protagonista de los malos tuits y el incidente se propagó ampliamente.

Las redes sociales representan lo que dicen ser: *sociales. World wide web,* significa red informática mundial. Nuestros métodos de comunicación actuales permiten que nuestro mensaje se transmita potencialmente a millones, desde Pekín, Illinois, a Pekín, China. Sin embargo, no solamente los fanáticos de Twitter se encuentran en problemas. Cada uno de nosotros podría caer presa, especialmente utilizando el correo electrónico. Es por eso que el autor Seth Godin siempre se pregunta, antes de enviar un correo electrónico: «¿Hay algo en esta correspondencia que no quiero que el fiscal general, los medios de comunicación o mi jefe lean? (Si lo hay, pulse borrar.)».[7]

Las listas de revisión y las preguntas como estas ayudan en todas las formas de comunicación, no solo con el correo electrónico y las redes sociales. Apuesto a que Tony, que escribió lo siguiente en la página *Amor y Respeto* de Facebook mientras estaba en el trabajo, hubiera deseado pensar en los detalles antes de errar. Vea lo que dijo a continuación:

Una vez, mientras trabajaba atendiendo clientes en la carnicería, le pregunté a una madre —que mostraba un estómago protuberante y tenía a su niño al lado—: «¿Y ese bebé cuándo...?». Ella me informó que no estaba embarazada. Al darme cuenta de mi error y refiriéndome al pequeñín, repliqué: «No, lo que quiero decir es, ¿cuándo estará listo ese bebé para ir al preescolar?». Por su expresión, me di cuenta que no me creyó. A partir de ese incidente, aprendí a oír más antes de abrir mi boca.

O, el pastor que anunció desde el púlpito: «Venga la próxima semana y escuche al nuevo organista, y descubra cómo es el infierno realmente». ¡No pensó antes de hablar! Al contrario, su boca se le adelantó a su cerebro al tratar de promocionar ambas cosas: al nuevo organista y a su próximo sermón sobre el infierno. No fue rápido en considerar previamente: «¿Cómo se oirá esto?».

Cada día tenemos la posibilidad de equivocarnos de manera verbal o escrita. No importa si estamos hablando con un extraño junto al mostrador de una carnicería, conversando por celular con un departamento de servicio o enviando un correo electrónico a un compañero de trabajo; podemos comunicarnos ambiguamente y las personas pueden captar la idea equivocada.

Cuando no pensamos antes de hablar, aumentamos las probabilidades de no ser precisos y, en consecuencia, pueden malinterpretarnos. Las personas quedan con la duda, y se preguntan si tenemos buena voluntad o buen sentido, o si carecemos de ambas cosas. Cuando hablamos sin antes pensar, ampliamos las probabilidades de herir, frustrar, confundir, enojar, atemorizar u ofender considerablemente a la (s) persona (s) por algo que hemos comunicado.

Además, las cosas pueden empeorar rápidamente

- durante una conversación cara a cara a través de Skype con nuestra madre que está enojada, porque no nos comunicamos con regularidad;
- en un intercambio de texto con un jardinero que no se presentó a trabajar para cortar el césped;
- en la mesa durante un almuerzo dominguero de la iglesia cuando se debate apasionadamente sobre los estilos de la música de adoración;
- en una reunión de administración con compañeros de trabajo enojados por la falta de bonificaciones para este año;
- durante una entrevista con un probable empleador que pregunta por nuestras credenciales; o
- en una serie de tuits que enviamos a nuestros vecinos sobre nuestro candidato político favorito, a quien ellos consideran pariente de Satanás.

Aunque el título del libro *Antes que pulse enviar*, implica la importancia de pensar en todas las posibles consecuencias del envío de un tuit, correo electrónico o publicación por

Facebook antes que pulse «enviar», la verdadera razón es que «Piense antes de hablar».

Sin embargo, ¿qué, exactamente, debe «pensar antes de hablar»? Vea a continuación cuatro preguntas que debe plantearse con todo lo que usted comunica:

- ¿Es verdad?
- ¿Es bondadoso?
- ¿Es necesario?
- ¿Es claro?

Cuando era estudiante universitario asistí a una reunión en la capilla de Wheaton College y escuché que el conferenciante aconsejaba lo siguiente: «Todos debemos responder a tres interrogantes antes de comunicar: ¿Es verdad, es bondadoso y es necesario?». No recuerdo el nombre ni la cara del disertante, pero recuerdo el consejo como si lo hubiera dado ayer. Me impactó de inmediato. Nunca tuve que aprenderlo de memoria. Esa oración breve produjo un fuerte efecto en mí y quedó grabada en mi mente. Fue un momento transformador, inolvidable. Oír ese consejo rigió mi manera de pensar por más de cuatro décadas.

Me enteré después que muchos atribuyen a Sócrates, el filósofo que vivió desde el 469 al 399 a.C., la pregunta de vital importancia: «¿Es verdad, es bondadoso o es necesario?».[8] Sin embargo, nadie sabe quién escribió exactamente la pregunta. Le pedí a un amigo mío, profesor de filosofía, si podía orientarme para hallar la cita exacta de Sócrates, y me respondió: «En realidad, no tengo respuesta a eso». Le pregunté a mi amigo Eric Metaxes, que fundó la organización Sócrates en la ciudad, en Manhattan, y me contestó: *Acabo de hacer una búsqueda por Google, y honestamente, es bastante incierto.*

A pesar de todo, en aquella reunión en la capilla capté una regla de la comunicación que me ha funcionado bien (y que a usted también le funcionará). Cada concepto ha guiado y protegido mi manera de hablar y escribir, por lo que muchos han testificado de la riqueza de esta sabiduría.

En el libro *The Children's Story Garden* [La historia de los niños del jardín] de 1920, leemos acerca de «Los tres tamices»:

Un día un niño llegó corriendo de la escuela y dijo con impaciencia:

—Mamá, ¿qué piensas de Tom Jones? Acabo de oír que...

—Espera un minuto hijo. ¿Has pasado por los tres tamices lo que oíste antes de contármelo?

—¡Tamices, mamá! ¿Qué quieres decir?

—Bien, el primer tamiz se llama: Verdad. ¿Es eso verdad?

—Bueno, realmente no lo sé, pero Bob Brown dice que Carlitos le dijo que Tom...

—Eso es muy dudoso. ¿Cuál es el segundo tamiz? Bondad. ¿Es eso bondadoso?

—¡Bondadoso! No, no puedo decir que sea bondadoso.

— Ahora el tercer tamiz se llama: Necesario. ¿Pasará por este tamiz? ¿Debes contar esa historia?

— No, mamá, no es necesario que la repita.

— Bien entonces hijo mío, si no es necesaria ni bondadosa y quizás tampoco sea verdad, deja que la historia muera.[9]

***

Sin embargo, estoy seguro de que estas tres ideas figuran en la Biblia. ¿Quién no cita Efesios 4.15, que dice: «Hablaremos la verdad con amor» (NTV). Aquí tenemos verdad y bondad. Como pastor por casi veinte años, con frecuencia escuché ese versículo de boca de los miembros de mi congregación.

O, ¿quién no ha citado, o al menos oído de, Eclesiastés 3.7 (RVR1960): «Tiempo de callar, y tiempo de hablar». Algunas cosas son necesarias decirlas y otras no. Puede que no sepamos la referencia exacta del versículo pero la verdad deja una impresión duradera.

En síntesis, intuitivamente sabemos que debemos hablar la verdad en amor en el momento apropiado. Reconocemos esto como un aspecto básico de la comunicación interpersonal. En lo profundo todos lo sabemos.

Esto me agrada porque nunca he querido que las personas me digan: «Lo que acabas de decir no es verdad, tampoco es bondadoso ni necesario». Ser criticado de esa manera sería una reprimenda que turbaría profundamente mi alma. Por el contrario, deseaba que al hablar o escribir, los demás consideren que digo la verdad con bondad y que es útil. Tenía el deseo de ser competente, confiable y eficaz. Deseaba ser un buen comunicador. No quería sufrir dolores de cabeza ni quebrantos por hablar siempre antes de pensar.

«Pero Emerson, ¿acaso no citaste cuatro interrogantes que cada uno debe preguntarse?». Sí, desde ese día en la reunión de la capilla, he llegado a la conclusión de que se debe agregar un cuarto punto a la lista de lo que es verdad, bondadoso y necesario: lo que comunicamos a otro también debe ser claro.

Muchas veces supe que lo que había dicho era verdad, bondadoso y necesario pero después me enteré que no fui claro.

Por ejemplo, erróneamente suponía que las demás personas conocían todos los detalles, toda la *verdad*. Sin embargo, como no sabían todos los hechos, estaban confundidas y no comprendían lo que yo había comunicado.

Supuse que las personas comprendían que me había portado tontamente con mi comentario, pero que no era sarcástico ni que me faltaba ser *bondadoso*. Por el contrario, pensaban que les menospreciaba.

Supuse que los lectores apreciarían toda la información, pero pronto descubrí que la consideraron algo *innecesaria* puesto que les había confundido y tuvieron que preguntarse: «¿Cuál es su punto exactamente?».

El apóstol Pablo destacó la necesidad de ser claro. Leemos en 1 Corintios 14.9 (NVI): «A menos que su lengua pronuncie palabras comprensibles, ¿cómo se sabrá lo que dicen?». Esta es una pregunta retórica universal.

Para mí, al hacer una lista de estos cuatro conceptos, suceden cosas buenas.

- ¿Es esta información verdad?
- ¿Es esta información bondadosa?
- ¿Es esta información necesaria?
- ¿Es esta información clara?

Sé que esto es vital. ¿Por qué? ¡Porque quiero que usted me hable de esta manera! No quiero que me mienta ni que sea rudo. Que me diga lo que no necesito saber y no me deje confuso con declaraciones ambiguas o difíciles de entender.

Sé que al responder estas cuatro interrogantes al comunicarme, disminuye la probabilidad de que otro perciba la idea equivocada y aumenta la probabilidad de que ¡comprenda la idea correcta! Además, me ayuda para ahorrar mucho tiempo en corregir malos entendidos y evitar rompimiento de relaciones. Previene dolores de cabeza y quebrantos.

~

Unos años atrás Robert Fulghum escribió un libro llamado *Todo lo que realmente necesito saber lo aprendí en el parvulario.*[10] Me encanta ese título. Eso implica que a los cinco años de edad ya hemos aprendido bastante para avanzar con éxito en la vida en nuestras relaciones interpersonales ¡si solamente practicáramos luego como adultos lo que aprendimos!

Con relación a este punto, ¿quién no conoce el axioma «piensa antes de hablar»? Todo padre y madre inculca este principio básico de la comunicación desde los cuatro años de edad si no antes. Sin embargo, ¡los sabios entre nosotros saben que no hay garantía absoluta que haremos hoy lo aprendido ayer!

Cuando se habla de triunfar verdaderamente como una persona que se relaciona con otras, no se trata de aprender cosas nuevas; sino más bien de cómo actuar acorde a la sabiduría de los siglos que aprendimos a los cinco años de edad. Por esa razón, los fundamentos son los fundamentos.

En el libro *When Pride Still Mattered: A Life of Vince Lombardi* [Cuando el orgullo todavía importaba: Una vida de Vince Lombardi], a principios del entrenamiento del equipo de fútbol americano Green Bay Packers, David Maraniss escribió acerca de Lombardi en 1961, lo siguiente:

Él no menospreciaba nada. Emprendió una tradición desde el principio, suponiendo que los jugadores eran como

una pizarra en blanco, sin información del año anterior...
Comenzaba con la explicación más básica. «Caballeros»,
decía, mientras sostenía una pelota de cuero en su mano
derecha, «esta es un balón de fútbol».[11]

Permítame decirles, los mejores comunicadores necesitan
recordar el «fútbol» cada día. Para mí, la base de la comunicación yace en responder siempre a las cuatro interrogantes.
Cuando no lo hago, dejo caer la pelota.

En las páginas siguientes, quiero que volvamos a los fundamentos y consideremos bien estos cuatro conceptos. Res-
ponderemos a las siguientes interrogantes:

- ¿Es verdad lo que voy a decir, solamente la verdad y
  nada más que la verdad?
- ¿Suena bondadoso y respetuoso?
- ¿Estoy seguro de que debo decirlo ahora, más tarde o
  nunca, en absoluto?
- ¿Es claro lo que voy a decir para mí y para la otra
  persona?

Dancemos como si todos observaran. Escribamos como si
todos leyeran. Hablemos como si todos escucharan.

CAPÍTULO 1

¿ES VERDAD?

Meditación bíblica acerca de hablar la verdad

- Efesios 4.25—Por tanto, dejando a un lado la falsedad, **hablen verdad** *cada cual con su prójimo*, porque somos miembros los unos de los otros.
- Colosenses 3.9—**Dejen de mentirse** los unos a los otros, puesto que han desechado al viejo hombre con sus malos hábitos.
- Tito 1.2—**Dios, que no miente.**
- Hechos 5.3-4—Pero Pedro dijo: «Ananías, ¿por qué ha llenado Satanás tu corazón para mentir al Espíritu Santo, y quedarte con parte del precio del terreno? Mientras estaba sin venderse, ¿no te pertenecía? Y después de vendida, ¿no estaba bajo tu poder? ¿Por qué concebiste (pusiste) este asunto en tu corazón? **No has mentido a los hombres sino a Dios**».

- Apocalipsis 14.4-5—Estos son los que no se han contaminado con mujeres, pues son castos. Estos son los que siguen al Cordero adondequiera que va. Estos han sido rescatados (comprados) de entre los hombres como primicias para Dios y para el Cordero. **En su boca no fue hallado engaño**; están sin mancha
- Proverbios 12.19—Los **labios veraces** permanecerán para siempre, Pero la **lengua mentirosa**, sólo por un momento.
- Proverbios 12.22—Los **labios mentirosos** son abominación al Señor, Pero los que obran fielmente son su deleite.
- Proverbios 19.5—El **testigo falso** no quedará sin castigo, y el que cuenta mentiras no escapará.
- Proverbios 21.6—Conseguir **tesoros con lengua mentirosa es un vapor fugaz**, es buscar la muerte.
- Salmos 35.20—Porque ellos no hablan paz, sino que piensan **palabras engañosas** contra los pacíficos de la tierra.

¿Es verdad, toda la verdad y nada más que la verdad, por la gracia de Dios?

En *Grandes esperanzas* de Charles Dickens, leemos: «"Puedes estar seguro de algo, Pip", dijo Joe después de reflexionar un rato, "y es que las mentiras no son más que mentiras. Siempre que se presentan no deberían hacerlo"».[1]

El sistema judicial de los Estados Unidos revela tres «modalidades» de mentiras. Se pregunta a los testigos, a medida que levantan la mano derecha y ponen la izquierda sobre una Biblia: «¿Jura decir la verdad, toda la verdad y nada más que la verdad, por la gracia de Dios?».

Bajo pena de perjurio, la persona debe evitar tres maneras de mentir. Primero, no comunicar lo que sabe o cree que es falso. Eso es no decir la verdad. Segundo, no comunicar una verdad a medias. Una verdad a medias engaña. Tercero, no mezclar toda la verdad con mentiras porque pone en duda toda la verdad.

Por desdicha, a menos que se les haya pedido que juren bajo pena de perjurio, algunas personas son propensas a mentir. La naturaleza humana posee esa inclinación. Un colega me mandó un correo electrónico: **Mentir ocurre libremente. Yo lo hago. Otros lo hacen. Parece que todos mienten. Es más fácil no decir la verdad.** Supongo que esas personas no encuentran agradable mentir, solamente les resulta habitual.

Si les descubren en una mentira, la corte ya no los acepta como testigos. ¿Quién puede creer a los mentirosos después de sorprenderles en una mentira? Por mentir una vez ante la corte, mienten dos veces porque han jurado decir la verdad. Incluso si ahora dicen la verdad, el juez y el jurado ya no confiarán en ellos. Algunos piensan que está bien decir mentiras siempre y cuando creamos que se hace por necesidad y bondad.

Sin embargo, mentira es mentira, así como una rosa es una rosa a pesar de cómo se la llame. No importa cuán compasivo se sienta uno al decirla, al fin alguien descubre la mentira.

El renombrado investigador médico John Ioannidis ha propuesto lo mejor y excepcional de la academia. «Su modelo reveló, en diferentes campos de la investigación médica, las valoraciones erróneas... ochenta por ciento de los estudios no planeados (en gran medida los del tipo más común) resultaron incorrectos, así como también veinticinco por ciento de los realizados con las mejores pruebas supuestamente disponibles, y diez por ciento de los practicados con planeamiento extenso». De las cuarenta y nueve piezas principales estudiadas que impactaron al campo médico como ninguna de las otras piezas investigadas y mencionadas numerosas veces alrededor del mundo, treinta y cuatro volvieron a probarse, de las cuales catorce ¡resultaron incorrectas!

«Estos fueron los artículos que ayudaron a aumentar la popularidad de la propagación de los tratamientos como la terapia de reemplazo de hormonas para mujeres con menopausia, la vitamina E para reducir el riesgo de enfermedades cardiacas, la colocación del estent coronario para evitar ataques al corazón, e ingerir una dosis diaria baja en aspirina para controlar la presión sanguínea y prevenir ataques al corazón y derrames». Ioannidis cree «que los investigadores con frecuencia manipulan los análisis de datos, buscando resultados que impulsen sus carreras en vez de usar la ciencia con sinceridad, empleando incluso el proceso de verificación de sus colegas —mediante el cual los periodistas piden a los investigadores que los ayuden para decidir cuál de los estudios deben publicar—, para suprimir de este modo las opiniones contrarias».[2]

No importa si nuestro cambio se debe a nuestra compasión o al avance de nuestra carrera o a la eliminación de posiciones opuestas; es poco conveniente cuando rehusamos decir la verdad, toda la verdad y nada más que la verdad. Abraham Lincoln escribió: «La falsedad… es el peor enemigo que uno pueda tener. La verdad es el mejor amigo, pese a las circunstancias».[3]

La importancia de comunicar la verdad

Durante los años 1800, un joven africano en su temprana adolescencia se paró sobre un pedestal de madera para ser vendido al mejor postor entre varios dueños de esclavos. Antes que comenzara la subasta, uno de los dueños acercándose al joven esclavo, le preguntó: «Si te compro, ¿serás honesto?». El esclavo replicó con respeto: «Seré honesto, pese a que me compre o no».[4]

Unos años atrás cuando escuché que alguien contaba esa historia, tuve una repentina «revelación». El ejemplo de ese joven esclavo afectó profundamente mi pensamiento. Él se proponía ser honesto independientemente de las personas o las circunstancias. Era un individuo creado a la imagen de Dios que tenía la libertad de vivir según el código moral establecido por Dios, y nadie podía obligarlo para que hiciera lo contrario. Había decidido ser íntegro. Puede que fuera un esclavo, víctima de un acto de corrupción, pero rehusó ser esclavo de las mentiras. Por su extraordinario ejemplo pude concluir que otras personas no pueden obligarme a mentir, hacerlo revela mi elección. Este es un asunto del corazón.

Jesús dijo: «¿Cómo pueden hablar cosas buenas siendo malos? Porque de la abundancia del corazón habla la boca. El hombre bueno de su buen tesoro saca cosas buenas...» (Mateo 12.34-35). En otras palabras, la boca habla lo que es bueno y decente porque tiene un corazón bueno. Aunque Jesús reconoció la condición pecaminosa y caída de cada persona, y la necesidad de confiar en él cómo Salvador, no dudó en especificar que algunas personas tienen «corazón bueno».

Leemos en Lucas 8.15: «Pero la semilla en la tierra buena, son los que han oído la palabra con corazón recto y bueno, y la retienen, y dan fruto con su perseverancia».

Por otro lado, la mentira muestra un corazón malo, nuestra naturaleza oscura. En Juan 8.44, Jesús dijo a los fariseos: «Ustedes son de su padre el diablo y quieren hacer los deseos de su padre. Él... no se ha mantenido en la verdad porque no hay verdad en él. Cuando habla mentira, habla de su propia naturaleza, porque es mentiroso y el padre de la mentira».

Según Jesús, la mentira surge de nuestra propia naturaleza. A modo de analogía, ¿qué queda cuando un borracho que se roba un caballo decide dejar de beber? Un ladrón de caballos. Su naturaleza mala permanece.

¿Cómo sabemos si la mentira está en nuestra naturaleza? Tenemos nuestro precio, de modo que mentiremos cuando lo sepamos. En la Biblia, Ananías deseaba suscitar en la iglesia primitiva la misma impresión que causó Bernabé (Hechos 5). Bernabé vendió parte de una propiedad y entregó todo el dinero a la iglesia. Ananías quería deslumbrar a la nueva comunidad de la misma manera. Deseaba recibir el mismo reconocimiento que la iglesia le otorgó a Bernabé. Sin embargo, Ananías ideó cómo evitar el mismo sacrificio. Vendió una parte de su propiedad por cierta cantidad, supongamos que acorde al valor de nuestra economía actual, la propiedad costaba 250 mil dólares. Sin embargo, Ananías dijo a los líderes de la iglesia que la vendió por 150 mil dólares y que entregaba todo el dinero a la iglesia. La verdad es que Ananías retuvo 100 mil dólares para sí mismo. Ananías comprometió su integridad por un precio y, en consecuencia, Dios le quitó la vida y también la vida de su esposa Safira, que convino en mantener la mentira.

¿Tenemos un precio? ¿A qué precio haríamos concesiones con la integridad de nuestro carácter?

La regla de oro de la comunicación verdadera

Hace poco hablé con un amigo que se enteró por un mecánico que su vehículo tenía un problema serio, por lo cual ya no tendría valor. Si mi amigo decidía hacer reparar el vehículo, el taller mecánico tendría que dar una copia de las fallas previas del vehículo al registro público de Carfax. El gerente le dijo: «En cuanto a las reparaciones, si las notifica a Carfax las personas no querrán comprarlo. Por otro lado, si no hacemos la reparación, puede vender el vehículo sin que el comprador conozca el problema grave que tiene, puesto que no aparecerá en el registro público de Carfax». Mi amigo preguntó qué debía hacer. Le respondí: «Bueno, la respuesta es muy fácil. Si fueras el comprador y el vendedor no te contara la verdad acerca de este vehículo, te enojarías mucho cuando se descomponga y deje de funcionar en la carretera en una tráfico intenso. He descubierto que la honradez es la mejor política incluso si a corto plazo resultara más cara».

La regla de oro dice: «Traten a los demás tal y como quieren que ellos los traten a ustedes» (Lucas 6.31). ¿Quiere saber cómo comunicarse con la verdad cada vez? Pregúntese a sí mismo una variante de la regla de oro: ¿Estoy a punto de comunicarme con los demás *como quiero que se comuniquen conmigo?*

Encuentro fascinante que algunas personas, algunas muy inteligentes, hacen concesiones en este punto. Quieren ser tratadas según la regla de oro de la comunicación verdadera, pero no quieren someterse a ellas. Ignoran totalmente su propia hipocresía. Paul Grice, uno de los grandes filósofos de la conversación, ha fomentado varios dichos sobre la comunicación como: «No digas lo que creas que sea falso». Al respecto un académico comentó: «Estas máximas podrían entenderse mejor explicando las suposiciones que normalmente se hacen los oyentes sobre cómo hablarán los conferencistas, en vez de recomendaciones del modo en que uno debería hablar... "Aunque Grice las presentó en forma de pautas para comunicarse con éxito... se interpretan mejor como suposiciones... que nosotros como oyentes confiamos y que los conferenciantes aprovechan"» (Bach 2005).[5]

¿Ha captado el punto? Cuando otros nos hablan, esperamos que digan la verdad; pero, cuando nosotros hablamos, nos reservamos la opción de mentir. En otras palabras, no me mienta, pero yo puedo mentirle. ¿Acaso somos más importantes que los demás?

Cuando las circunstancias se ponen tensas y sentimos que por decir la verdad perderemos o no ganaremos algo, ¿damos una información falsa para proteger nuestros intereses? ¿Inventamos una verdad y engañamos a las personas? ¿Fracasamos y comprometemos la verdad? ¿Fallamos en decir lo que sabemos es correcto? O, ¿nos comprometemos a hacer lo que sabemos es correcto: decir la verdad, toda la verdad y nada más que la verdad, por la gracia de Dios?

Si sabemos que la comunicación veraz debe ser recíproca, ¿entonces por qué rechazamos la regla de oro de la comunicación veraz y mentimos a las personas cuando esperamos que ellas sean veraces con nosotros? Consideremos varias «razones».

¿Por qué comunicamos lo que no es verdad?

Unos años atrás un amigo me preguntó; «¿Sabes el significado de racionalizar? Significa mentira razonable». Este concepto capta bien la verdad de por qué mentimos. ¡Tenemos nuestras razones!

La dificultad es que muchas veces pensamos antes de hablar (o de pulsar enviar); queremos comunicar la verdad, pero permitimos que otros factores nos hagan cambiar de opinión. Le invito a considerar veinte mentiras razonables. ¿Se identifica usted con alguna de ellas? ¿Es esto lo que se dice a sí mismo —y a otras personas— en cuanto a por qué a veces no dice la verdad? Veamos cada una brevemente.

EL TEMEROSO: Sinceramente, temo las consecuencias de los errores pasados, por lo tanto los encubro.

EL EGOÍSTA: ¿Qué puedo decir? Mentir funciona a mi favor, contribuye a mis planes.

EL EVASIVO: Si otros no saben lo que hice mal, habrá menos problemas en general.

EL ORGULLOSO: Necesito presumir mejor de lo que soy para que otros tengan buena impresión de mí y les agrade.

EL OPORTUNISTA: Miento porque en el momento es más rápido y fácil.

EL SENTIMENTAL: Si siento que es cierto, lo digo. No necesito saber todos los pormenores cuando siento que estoy en lo cierto.

EL DISTRAÍDO: No sabía que lo que dije era erróneo; todos cometen errores.

EL ADULADOR: Quiero ser sincero y discreto, pero los elogios fingidos me resultan mejor.

EL ILUSO: Algunos afirman que me miento a mí mismo. Sin embargo, eso es mentira. Soy ciento por ciento sincero conmigo mismo.

EL CAMALEÓN: Para evitar conflicto, transformo mis creencias para adecuarme a mi auditorio, lo cual les place.

EL ATRAPADO: No es mi culpa. Fui engañado para jurar confidencialidad y transmití una mentira.

EL PROTECTOR: Me siento responsable de proteger los intereses de otros, aunque tenga que mentir en el proceso.

EL CRÓNICO: Siempre he mentido, aun cuando sea mejor decir la verdad. Algo me domina.

EL IMITADOR: En realidad no tengo interés en mentir, pero todos mienten y por eso miento también.

EL PERSISTENTE: Miento para mantener las mentiras que dije; lamentablemente, las mentiras engendran mentiras.

EL AVERGONZADO: Me siento humillado por las cosas malas que cometí, por eso miento para aparentar que soy bueno.

EL QUE JURA: Admito que manipulo la verdad; juro por Dios para que otros crean lo que estoy diciendo.

EL ASTUTO: Soy inteligente, conservo ambas cosas: las mentiras y la verdad. Es fácil librarse con la mentira.

EL LOCUAZ: Me resulta fácil y divertido tergiversar las palabras, usando doble sentido para engañar.

EL CAUTIVADOR: Francamente, considero engañar a otros como un juego estimulante y divertido.

El temeroso

Con frecuencia tememos que perderemos el favor si hablamos lo que es negativamente cierto, ya sea acerca de nosotros o de otra persona. Los temerosos guardan silencio en cuanto a la verdad.

¿Alguna vez ha notado que el temor impulsa a decir las siguientes mentiras? Decidimos decir o hacer algo contrario a la verdad para impedir que nuestros temores se vuelvan una realidad.

- Mentí respecto a la situación porque temía que mi esposa se divorciaría de mí.
- Si no miento acerca de este nuevo producto en la página web de la compañía, temo la ira de la gerencia.
- Mentí acerca de la propuesta y la fecha límite al decirle al probable cliente lo que deseaban oír por temor a que no me contratarían.
- Mentí acerca de mis credenciales en mi currículo de vida por temor a que no me concedieran una entrevista.
- Mentí a mi jefa en el informe porque temía un conflicto con ella.
- No dije toda la verdad cuando envié el tuit acerca del candidato que detesto porque temía que toda la verdad le haría lucir bien y ayudaría a su elección, y después él autorizaría leyes contrarias a mis intereses sociales.
- Mentí en Facebook acerca del exótico viaje al Asia por temor a que no me consideraran importante y feliz si realmente conocieran acerca de mi vida diaria.

El egoísta

Un compañero de trabajo es candidato para recibir la misma promoción que usted quiere, pero solamente uno puede recibirla. Lamentablemente, el presidente de la compañía le pide a usted si puede proveer información a ese compañero acerca de un proyecto. Si le presta la ayuda, le facilita el éxito a ese compañero y daña las posibilidades que usted tenga de avanzar; por eso finge ignorancia. «Lo siento, no tengo esa información».

O, quizás, a fin de ganar la empatía de sus amigas, que usted considera muy importante, cuenta solamente parte de la historia sobre la pelea con su esposo. Describe en detalle lo malo que hizo él y nada de lo que hizo usted, que provocó la reacción negativa de su esposo.

Todos somos capaces de manipular la información con fines egoístas, dando a otros información imprecisa para avanzar nuestros intereses y suprimiendo a los que podrían bloquear nuestro progreso. Cuando ambicionamos tanto algo, y vemos una oportunidad de que no nos descubran, somos tentados a mentir para obtenerlo.

Cada uno de nosotros debe decidir si encubrir la verdad es el curso que debe seguir para conseguir lo que realmente quiere. El campeón múltiple del Tour de Francia, Lance Armstrong, negó las acusaciones de dopaje durante esos años y el público le creyó. Lance refutó las acusaciones en entrevistas cara a cara, por teléfono con las personas y a través de cada red de comunicación social. Se defendía diciendo: «Nunca di positivo o nunca me sorprendieron en nada».[6] Al fin, un compañero ciclista, Floyd Landis, confesó acerca del dopaje en el equipo del Servicio Postal de los Estados Unidos; el resto es historia. Entonces, ¿por qué Lance mintió? Lance deseaba ser el número 1 a cualquier precio y se persuadió a sí mismo de que puesto que otros se drogaban, él también tenía derecho a hacerlo. Sin embargo, con su acción confirmó un proverbio ruso: «Con mentiras puedes avanzar en el mundo, pero nunca podrás retroceder».[7]

Cuando hablamos que tenemos que pensar antes de hablar, en realidad deberíamos decir: «¿*Qué* pensaremos antes de hablar?». Algunos pensamos: *Tengo que mentir para conseguir lo que quiero* y luego pulsamos enviar.

El evasivo

Hicimos algo que no era bueno ni aceptable, por ejemplo usamos el fondo opcional de la compañía para comprar un palo de golf muy caro. Sin embargo, deducimos que si nadie sabe lo que hicimos, entonces sería mejor para todos los involucrados. «¿Para qué perjudicar mi reputación y provocar que otros se enojen conmigo cuando lo que no saben no les perjudica? Sin daño, sin culpa».

Al encontrarnos en esas situaciones y alguien pregunta acerca de los gastos, decimos ambigüedades o alegamos ignorancia. Somos evasivos. Sin embargo, llegan esos momentos que casi nos provocan un ataque cardiaco. Un colega entra en nuestra oficina y dice: «El presidente quiere verte». De inmediato comenzamos a sudar a causa de los nervios. Tenemos un ataque de ansiedad porque no fuimos sinceros acerca del uso indebido de los fondos disponibles, que comparados con la ganancia que recibe la empresa, resultan muy poco. Sentimos que la evasión terminó. Nos sentimos atrapados. La boca se nos seca. Deducimos que el presidente de la compañía nos va despedir. Por un momento quizá podemos inventar una excusa. Quizá podemos evadir la verdad una vez más.

Inmediatamente inventamos una explicación de que nuestra intención fue reembolsar a la compañía el dinero usado para comprar el palo de golf, pero que honestamente lo olvidamos.

Al entrar en la oficina del presidente, este dice: «Hola, gracias. Tengo un comentario rápido y una petición. Buen trabajo respecto a la cuenta de Macintosh. Excelente. Debido a eso, quiero dar un informe sobre la cuenta al equipo gerencial el próximo martes a las de la mañana, aquí en mi oficina».

Al salir de la oficina, el sentimiento de alivio es incalculable. Sin embargo, en este punto nos damos cuenta de la verdad en cuanto a nuestra mentira evasiva. Nuestra conciencia habla fuerte y claro: «Las personas que dicen la verdad no experimentan palpitaciones del corazón como estas».

Dios ha provisto la conciencia para que nos susurre: «Cambia de rumbo. Sé honesto. Aclara las cosas». La persona que confiesa entiende que no se trata sólo de sí misma. Khaled Hosseini dijo en *The Kite Runner* [Cometas en el cielo]: «Cuando dices una mentira, robas el derecho a la verdad de una persona».[8] Esa empresa tiene el derecho de saber la malversación de los fondos.

«Pero, Emerson, si otros no fueron perjudicados porque no saben, es mejor ser evasivo. ¿Para qué provocarles enojo y perjudicar mi reputación?». Porque esta es otra mentira racional bajo la apariencia errónea de que se es sincero.

El orgulloso

Una esposa me contó que un conocido de su esposo militar le había preguntado: «¿Cuál es su rango ahora en el ejército?». El esposo contestó: «Coronel». El hijo menor que había escuchado la conversación, dijo: «No eres coronel papá, eres capitán».

La razón bastante común por la que muchos mienten es porque quieren impresionar a otros. Si logramos impresionarles, pensamos que tienen buen concepto de nosotros y estamos satisfechos con nosotros mismos. ¿Qué mejor razón para comprometer la verdad? ¡Todos se sienten bien! Así que hermoseamos nuestros logros para mejorar nuestra imagen.

Pero eso no tiene que ser obvio. Una mujer me dijo: «Un día mi papá vino de visita y mi hija se portó desobediente, como si perdiera el juicio. Él preguntó: ¿Entonces, vas a publicar esto en Facebook?". Por supuesto que no. Tengo una imagen que resaltar que soy perfecta. Tengo este trabajo estupendo y a esta gran hija. No publico la verdad negativa ante otros. Esto no concuerda con la imagen que busco proyectar».

Considero esto una *publicación falsa*.

Hace poco leí acerca de la generación de los mileniales que está cambiando la imagen de las agencias de viaje. Un artículo decía: «Si hay algo que la generación de los mileniales ama más que viajar, es jactarse de los lugares que han visitado… Buscan los derechos de alardear ser los primeros en su círculo… Más de cincuenta por ciento de los mileniales publican en la red social fotos de sus vacaciones para provocar los celos en sus amigos y familiares».[9] ¡Qué manera de vivir! Necesitamos publicar en Facebook un selfie con el monte Kilimanjaro de trasfondo con el fin de alardear… para que otros sientan celos… para sentirnos importantes… para sentirnos satisfechos con nosotros mismos.

Sin embargo, ¿realmente queremos usar Photoshop en nuestra vida para provocar celos? El diccionario define la palabra *Photoshop* como editor de imágenes con el fin de distorsionar la realidad para engañar deliberadamente al espectador.

Cada uno de nosotros debe preguntarse lo siguiente: *Cuando comunico algo que sé es falso pero favorable acerca de mí, ¿soy tan frívolo e inseguro que mi arrogancia me impulsa a escribir una ficción?*

El oportunista

Mark Twain dijo: «Prefiero decir siete mentiras que dar una explicación».[10] Porque al hablar del tema, la verdad puede tomar mucho tiempo y ser dura. La verdad demora las cosas. La verdad es un fastidio. No obstante una mentira puede sacarnos del problema. Una mentira es conveniente. Mentir es propicio en el momento. Es oportuna. ¿Por qué no tergiversar la verdad cuando tengo un horario exigente?

Si mintiera en *FundMe.com* acerca del inicio de un negocio para construir pozos de agua en África, sabiendo que la mayoría del dinero iría a mi bolsillo como salario, ¿para qué decir la verdad cuando eso causaría nada más que tiempo y problema? Es más fácil quedarme callado y seguir adelante con mi vida. Sin embargo, incluso Twain contradijo su consejo de preferir la mentira: «La gloria que se basa en una mentira pronto se convierte en la carga más desagradable. ¡Qué fácil es hacer que crean una mentira y qué difícil anularla!».[11] Lo que al principio parece oportuno hacer, esto es mentir, más tarde prueba ser lo más caro en la vida. Pregunte a Lance Armstrong acerca del gran precio que pagó más adelante en su vida. No pudo anular lo que había hecho. Desde el principio, su mentira a la prensa parecía tan fácil y natural. Me pregunto si él habría considerado: *Es tan fácil hacer que las personas crean una mentira.* Lance me engañó durante años. Confié en su testimonio y también millones de personas creyeron su mentira.

Por cierto, ¿por qué es más fácil y rápido mentir a las personas? A menudo es más difícil para el oyente detectar la mentira que para que un mentiroso mienta. El mentiroso saca provecho de la confianza de otros. El mentiroso se dice a sí mismo: «Ellos están obligados por su código de buena moral como confiables, pero yo no tengo un código moral como persona confiable y veraz. Ellos deben darme el beneficio de la duda puesto que soy considerado inocente hasta que sea probado culpable». Sin embargo, ¿queremos realmente vivir una mentira sabiendo incluso que mentir es egoísta? ¿Queremos realmente manipular la confianza de las personas?

El emocional

Las emociones son maravillosas aunque no siempre, no cuando menoscaban los hechos.

A menudo escribo unas líneas en nuestra página de Facebook *Amor y Respeto*, que tiene más de dos millones de seguidores, acerca de la necesidad de que la esposa respete a su esposo. Esta idea controversial tiene base en Efesios 5.33 y 1 Pedro 3.1-2, donde las esposan aprenden sobre el divino mandamiento de mostrar una conducta respetuosa. Aunque esto no le parezca natural a la esposa, la conducta respetuosa influencia grandemente al esposo ya que lo motiva a ser amoroso. Sin embargo, después de leer mi publicación, ciertas mujeres nuevas en nuestra página de Facebook *Amor y Respeto*, inevitablemente escriben con indignación en la sección de comentarios. Denuncian el artículo como prueba de que mi posición siempre es culpar a la mujer. Debido a que esas mujeres son nuevas en nuestra página de Facebook *Amor y Respeto* y al mensaje, no revisan las publicaciones previas en las que desafío a los esposos para que amen incondicionalmente a sus esposas según Efesios 5.33 y Oseas 3.2. En la mayoría de mis escritos, empleo un enfoque equitativo para ambos lados. Si esas mujeres hubieran leído los escritos anteriores, hubiesen respondido con tono diferente. Sin embargo, me juzgaron como un desequilibrado e injusto. Ellas permitieron que sus temores y sentimientos gobernaran sus palabras, probablemente basadas en sus experiencias negativas con los hombres. Presumieron equivocadamente acerca de mi postura editorial. No quiero decir que sean irracionales sino que se portan claramente emocionales. No digo esto para despreciarlas sino para resaltar que se dejan «dirigir por sentimientos» y no por los hechos».

Lamento por aquellos que permiten que sus sentimientos dicten sus comentarios mordaces. Esto es un mal hábito y necesitan darse cuenta de ello. Responden antes de conocer los pormenores. Benjamín Franklin afirmó: «La presunción, primero ciega al hombre, después le hace huir».[12]

La Biblia ofrece el consejo más sabio. Proverbio 18.13 afirma: «El que responde antes de escuchar, cosecha necedad y vergüenza».

Solo porque una mujer lea nuestra página en Facebook y sienta que hay cierta verdad sobre nuestro prejuicio contra las mujeres, no quiere decir que sea verdad. Los sentimientos pueden ser ciertos, pero volubles. Por eso cuando afirmamos hechos sin tener pruebas que las apoyen, nos arriesgamos a parecer tontos y a sentirnos avergonzados. Todo comunicador efectivo debe preguntarse primero: ¿Es este un hecho veraz? Cuando hablamos basados en los hechos, no solamente conforme a nuestros sentimientos, nos calmamos y ajustamos nuestros comentarios antes de pulsar enviar. No quiero decir que los sentimientos sean siempre erróneos sino sencillamente que los buenos comunicadores confirman sus sentimientos con los hechos. La suposición puede ser correcta pero, antes, los sentimientos deben confirmarse.

Necesitamos prestar atención a los consejos del sargento Joe Friday, de la serie televisiva *Dragnet*, en los años 1950. Aunque en realidad Joe nunca dijo esa frase en el programa, se convirtió en una figura legendaria que declaró y demandó; "Solo los hechos, señora».

El distraído

¿Es un mentiroso el que crea que la declaración es verdad aunque sea falsa? No, pero la afirmación sigue siendo mentira. Una declaración no se vuelve verdad porque uno crea que lo es. La mentira es una afirmación falsa incluso cuando el comunicador crea que es verdad.

En muchos casos no sabíamos que era falsa. Si no hay infracción, tampoco hay culpa. Aun así, un sincero error de juicio no lo convierte en verdad, sobre todo cuando reiteradamente cometemos esos errores. El punto central aquí es para los perezosos y negligentes que continúan cometiendo errores y afirman que no sabían la verdad. Puede que sean inocentes, pero son culpables de descuido y falta de atención. Debemos procurar con determinación investigar las cosas para evitar una rutina de errores «sinceros».

La ignorancia puede causar consecuencias severas. Un médico puede equivocarse sinceramente al diagnosticar una condición que, al final, puede costarle al paciente miles de dólares en medicamentos, o incluso su propia vida. Proverbios 14.12, dice: «Hay camino que al hombre le parece derecho, pero al final, es camino de muerte». Aunque no haya ninguna intención de engañar, la sinceridad no previene la muerte.

Aunque no haya ninguna mala intención, no obstante uno necesita ser perdonado por dar la información incorrecta.

Nuestro corazón puede tener buena intención cuando comunicamos claramente lo que sentimos que es verdad. Sin embargo, eso que sentimos no lo convierte en verdad, como tampoco puede ignorarse la negligencia de atropellar y matar a un peatón porque no había malicia o premeditación. Aun así la persona muere. El distraído no tiene excusa simplemente porque no tiene malicia.

Unos años atrás, dos muchachas sufrieron un accidente automovilístico. Una murió y la otra quedó en coma e irreconocible. Las autoridades confundieron sus identidades e informaron a los padres de la joven que seguía en coma que ella había muerto. Esos padres lloraron la pérdida de su hija con profundo dolor. Sin embargo, después del funeral descubrieron que no era su hija la que había fallecido, sino que era la que seguía en coma. Los padres de la joven, que pensaban que su hija estaba viva, tuvieron que enfrentar la tragedia de que había muerto. Aunque las autoridades fueron amables y consideradas después del accidente, se equivocaron. Aunque transmitieron lo que creían que era la información correcta acerca de las dos muchachas, no era verdad.[13]

Estos ejemplos son situaciones de vida o muerte. A menor escala, las buenas noticias son que la mayoría de los comunicadores pueden seguir adelante al corregir el error. Dale Carnegie dijo: «Hay cierto grado de satisfacción al tener el coraje de admitir el error de uno mismo. No solamente limpia el ambiente de culpa y de una actitud defensiva sino que a menudo ayuda a resolver el problema causado por el error».[14] La mayoría de las personas perdonan cuando observan que aprendemos con humildad de nuestros errores.

El adulador

Ser una persona que comunica la verdad a menudo demanda tacto y a veces parece como si uno estuviera evadiendo terrenos minados. Requiere esfuerzo ser veraz y prudente. Algunos dicen: «*Quiero* ser discreto, pero la verdad demanda sincera consideración y yo no estoy interesado en desarrollar esa habilidad. Decirles a las personas lo que quieren oír en vez de lo que deben oír es la manera que prefiero usar con las que buscan mi afirmación».

Eso es adulación y halago falso. Es mentira sagaz, sin tacto. No es sincera. Es adular al oyente. En las empresas algunos empleados rápidamente aprenden a decirle al jefe lo que este quiere oír. El jefe se siente complacido y los empleados experimentan estabilidad laboral. Sin embargo, no es bueno retener las malas noticias, las cuales el jefe debe oír, porque ni el tiempo ni el silencio las mejoran, como una vez dijo mi yerno Matt Reed.

En ocasiones, ser veraz, considerado y sincero es difícil. ¿Qué puede decir un esposo cuando su esposa pregunta: «¿Me hace lucir gorda este vestido rojo?». El esposo amoroso desea decirle la verdad a su esposa sin herirla, pero esa pregunta no es fácil de contestar. La mayoría de los hombres se sienten atrapados por esta pregunta puesto que han aprendido, quizás de la manera más dura, que no responder o decir «no lo sé», en realidad, quiere decir: «Te ves gorda». ¿Cómo puede ser sincero y veraz pero a la vez alentador?

¿Qué pasaría si el esposo respondiera con sinceridad y tacto: «Bueno, me gusta el vestido rojo pero disfruto mejor del negro»? A lo que la esposa replica: «¿Entonces no te gusta el vestido rojo porque piensas que luzco gorda? ¿Piensas que no soy atractiva?».

¿Qué pasaría si el esposo dijera con sinceridad y tacto: «Con el vestido rojo no luces tan atractiva, pero de todas maneras te amo? Deberías usar el vestido que prefieras, aunque yo prefiera el negro. Pero repito, te amo con ambos vestidos». Elizabeth Evans Bergeron publicó en la página de Facebook *Amor y Respeto* acerca de una situación similar y recomendó decir: «Cariño, este vestido azul favorece más tus hermosas curvas. Quizá pueda ayudarte a desvestirte después».

Algunas mentiras solamente aparentan ser sinceras y discretas. Decirle a la persona lo que desea oír puede aparentar discreción, pero no es más que una mentira obvia. Algunos se preguntan acerca de los padres de jovencitos sin talento que se presentan para una audición en programas televisivos en busca de talentos como «La voz». Uno de los padres debió decir humildemente la verdad: «Hijo, Dios te ha dado talentos pero no como cantante».

Al mismo tiempo, no es discreto ni de buen gusto hablar llanamente la verdad si se la percibe cruel y dura. Decimos que algunos doctores no tienen buen tacto en su manera de tratar. Explican tal como leen el registro: «Lamentablemente no hay cura. Esto es terminal. Le quedan seis meses de vida. ¿Tiene alguna pregunta antes que me vaya?». Tal verdad sin tacto es despiadada, aunque sea muy sincera.

El consuelo es que cuando nos empeñamos en mostrarnos sinceros, francos y compasivos, la mayoría de las personas aceptarán lo que comunicamos aunque no lo hagamos perfectamente. Puede que no les guste lo que decimos, pero confiarán porque perciben nuestro corazón humilde y amoroso.

Cuando las personan digan: «La adulación te llevará a todas partes», lo dicen en broma.

El iluso

La mayoría hemos oído de un alcohólico que tiene problemas con la ley por conducir bajo la influencia de la bebida y varias veces ha sido confrontado con sus borracheras, ha perdido varios empleos y a menudo despierta en medio de su vómito. Sin embargo, si le pregunta: «¿Eres alcohólico?», sinceramente negará que lo es. Él ha suprimido la verdad acerca de la cantidad de licor que consume semana tras semana (Romanos 1.18). Se ha convencido a sí mismo de que no tiene problemas. Se dice a sí mismo que en cualquier momento puede dejar de tomar.

Fyodor Dostoyevsky, en *Los hermanos Karamazov*, nos desafía acerca de este asunto. «Sobre todo, no te mientas a ti mismo. El hombre que se miente a sí mismo y escucha su propia mentira llega a un punto en que ya no puede distinguir la verdad en sí mismo o a su alrededor, y entonces pierde todo respeto por sí mismo y por los demás. Y al no tener respeto, deja de amar».[15]

¿Cuántos nos hemos mentido a nosotros mismos? Recientemente conversé con una persona que al fin reconoció dos principales debilidades de carácter. Mientras discutíamos porqué le tomó veinte años darse cuenta de esas debilidades, dijo: «No las percibía como malas porque me había convencido de que estaban bien. Me engañé a mí mismo». Por supuesto, estas dos mentiras casi destruyeron a su familia. Podemos engañarnos pensando que no hemos cometido nada malo. Somos como la adúltera que insiste; «No he hecho nada malo» (Proverbios 30.20). O como el hijo que declara: «No es transgresión» (Proverbios 28.24).Engañarse a sí mismo es real.

¿Qué relación tiene esto con el hecho de pensar antes que pulse enviar? Quizás la clave más profunda por la que mentimos al comunicarnos con otros yace en que primero nos mentimos a nosotros mismos. Creamos mentiras *racionales* y de esas mentiras *racionalizamos* que se justifica lo que comunicamos a otros. Por esa razón William Shakespeare escribió: «Sobre todo: sé veraz contigo mismo, y entonces debe seguir, como la noche al día, que no podrás ser falso con ningún hombre».[16]

El camaleón

Lauren Zander, en su artículo «La verdad acerca de las personas complacientes», escribe: «Eres un camaleón social en el siguiente nivel, puedes ver desde el punto de vista de cualquiera, sigues la conversación, las actitudes y disposiciones generales de cualquiera de las personas con las que te encuentras, en vez de establecer tu propio punto de vista. No sabes lo que realmente piensas y tampoco ellas te entienden».[17]

A fin de hacer feliz a otros, como es la inclinación de los complacientes, el camaleón parece sincero al decirles a las personas lo que quieren oír. Sin embargo, su motivo es conformarse a costa de la verdad. Esto no es un ajuste flexible sino una concesión en cuanto a asuntos absolutos. Por ejemplo: «Soy conservador con los conservadores los lunes por la noche (ej. *provida* o derecho a la vida) y liberal con los liberales los martes por la noche (ej. *proelección*, o elegirá favor del aborto). Por desear que todos me quieran, en conclusión, me ven como alguien que carece de convicciones esenciales y mucho menos integridad».

El camaleón cambia de color para conformarse a su ambiente. El camaleón razona como cualquier persona que busca agradar a otra. «No me gusta la tensión y el conflicto». Sin embargo, la táctica es el engaño. Una esposa dice: «No miento para cubrir las cosas malas sino para guardar la paz en la unidad familiar. Si le cuento a mi marido que compré vestidos nuevos para los niños, se enojará. Es más fácil mentirle a cambio de la tranquilidad». Ella cambia de color para complacer la imagen que sabe que su marido espera que ella proyecte, aunque dicha imagen no concuerde con la realidad de sus hechos.

K.W. Stout, en *Confessions of a Former People Pleaser (and Why You Should Stop Being One)* [Confesiones de un ex complaciente (y por qué usted debe dejar de ser uno], escribe: «La honestidad hace que la vida sea mucho mejor. Solamente al principio es difícil, porque uno se siente muy cómodo contando mentirillas y fingiendo… ¡Cuánto más honesto soy, mejor es la vida… ser honesto con tus palabras y acciones facilita la vida!».[18]

Antes que pulse enviar, pregúntese: *¿Soy uno que busca agradar a las personas que lamentablemente está a punto de engañarlas cambiando de color?*

El atrapado

Como un pájaro que va tras las migas de pan, algunos caemos en el engaño de hacer una promesa para cubrir la mentira de otra persona. A veces, otros nos cuentan sus malos hechos y después nos dicen: «No debes contarle a tu esposo, jefe, madre, amigo, al procurador general ni a alguien más lo que acabo de decir acerca de lo que hice mal y mi encubrimiento». Si juramos guardar el secreto con su mentira, esa información nos atrapa para retener la verdad de los demás que tienen derecho a conocerla. Estamos facilitando una mentira.

No solamente somos cómplices, estamos atrapados. Nos sentimos ligados a un juramento, como si fuéramos a cometer un sacrilegio si rehusásemos mantener silencio respecto a sus malas acciones. ¡Qué triste resulta cuando por nuestra integridad (en la cual cree la otra persona) hacemos la promesa de mantener el secreto de la persona sin integridad! ¡Qué ironía! ¡Emplean nuestra virtud para ocultar su maldad! ¡Esperan que seamos fieles a nuestra palabra mientras que ellos son infieles con las suyas! Eso es control sin escrúpulos. Terminamos cometiendo traición contra la verdad. Debemos resistir someternos a esta clase de coerción. Esa persona no tiene derecho de hacer que juremos guardar en secreto sus engaños. Por esa razón debemos estar alertas para no sucumbir a sus mañas de hacernos sentir culpables como unos traidores después de rehusarnos a mantener en secreto sus mentiras. ¡Rápidamente pueden culparnos como si fuéramos la mala persona en todo esto!

Como clérigo, cuando un miembro de mi congregación me confiesa: «Estoy cometiendo adulterio con mi secretaria, pero no quiero que le cuente a mi esposa cuando nos reunamos con usted para hablar de nuestro matrimonio». Yo le respondería: «No, no acepto esos términos. Estaría participando de su mentira y no siento la libertad en mi corazón de hacer eso. No me reuniré con ustedes ni le ocultaré a su esposa lo que ella tiene derecho a saber. Me sentiré como un mentiroso en esa reunión. Al contrario, espero que usted se lo confiese a su esposa». Si la persona se muestra ofendida y trata de que me sienta culpable, respondo: «Mire, el problema aquí es su adulterio y su engaño. Yo no soy la causa de su problema sino que estoy aquí para ayudarlo a resolverlo. Me interesa su vida, su matrimonio y su familia. Estoy a su favor. Sin embargo, a sabiendas no puedo mentirle a su esposa».

Cada uno debe andar sabiamente y evitar guardar en secreto una mentira que esa persona pretende seguir diciendo. Si están mintiendo a través de las redes sociales u otros medios, no debemos participar de sus engaños. Un relato falso es un relato falso, y puesto que no hemos creado la mentira pero repetimos lo que otra haya aseverado, eso no significa que estamos libres ante la opinión de los demás.

El protector

En la Biblia leemos que la ramera Rajab había escondido del rey a los espías, y por eso recibió honores de Dios (Josué 2; Hebreos 11.31). Hay cierta virtud al proteger a otros de los que procuran hacerles daño. Sin embargo, una mentira amparadora rara vez es cosa noble aunque se sienta que es correcto hacerlo.

Lisa miente para proteger a una compañera de trabajo. «Kelli está enferma hoy. Hablé con ella. El sábado la llevaré al doctor». Sin embargo, Kelli está con su novio para resolver una gran pelea que tuvieron la noche anterior, de manera que le pidió a Lisa que la encubriera. Lisa sigue adelante con el encubrimiento porque decide que mentir es la mejor manera de proceder ya que eso ayuda en la relación de Kelli y la protege en su trabajo. De manera extraña, Lisa se siente responsable de encubrir a su amiga en vez de idear un plan para que Kelli pueda tomar un día de vacación o resuelva el conflicto después del trabajo como hacen las parejas casadas.

¿Cuál es el problema? Los gerentes también son seres humanos. Kelli y Lisa están mintiéndoles a otros seres humanos. Además, si Lisa fuera la gerente y Kelli le mintiera que Bárbara está enferma, Lisa no consideraría la acción de Kelli como la responsable de proteger a Bárbara. Ella diría: «Bien, busca a alguien que trabaje en lugar de Bárbara, pero no mientas por ella». Volvemos a la regla de oro de la comunicación verdadera.

¿Por qué este tipo de cosas pasa en el ambiente laboral (e incluso entre los miembros de la familia) más a menudo de lo que imaginamos? Hay una leve diferencia entre eso de «Como mi amigo, estás protegido» a «Te encubriré porque eres mi amigo». ¡Hay un contraste! Por supuesto, después se vuelve una situación *quid pro quo*, o sea «doy para que me des». «Usted me debe». Finalmente, uno encubre al otro y ahora forman una alianza. Curiosamente, ambos se sienten obligados como amigos, responsables de mentir el uno por el otro.

¿Alguna vez ha propagado una historia falsa para que otra persona (o empresa, o grupo político, o quien sea) no se meta en problemas? ¿Le han devuelto ellos el favor? Difícilmente este tipo de cosas funciona. Cuando llegó la hora de despedir gente del trabajo, Lisa y Kelli fueron las primeras. Corrió el rumor de que ellas no eran dignas de confianza.

Aquí hay otro asunto en que pensar. ¿Cómo sabe si esa persona o grupo por quienes mintió nunca le mentirán a usted? Como analogía, me parece fascinante que las personas que tienen una aventura y dejan a su cónyuge se sorprenden cuando la persona con la que tuvieron el romance tiene otra aventura a sus espaldas. Quiero preguntar: «¿Qué esperaba usted?». Si el asunto no iba mal con usted, ¿por qué va a ir mal ahora?». Lo mismo ocurre en las empresas donde los empleados reciben honor de la administración por encubrir las falsas aseveraciones acerca de los productos y servicios. ¿Deberían sorprenderse estos empleados cuando después la administración les engañe en sus salarios y beneficios?

En conclusión, las mejores amistades y alianzas se basan en la verdad. Las personas que deciden decir la verdad casi siempre encuentran una manera legal y moral para proteger los intereses de los demás. Por ejemplo, Lisa le dice a Kelli: «Toma un día de vacaciones y yo te cubriré trabajando en la oficina por ti esta noche. El jefe aprueba esto». Quizás sea inconveniente y costoso, pero es un plan de acción decente. Cubrir puede que parezca noble como una manera de proteger el plan de la otra persona, pero a fin de cuentas, es simplemente mentir, y la mentira no es la mejor política.

El crónico

Como al final todos los padres aprenden, los niños son seres morales y espirituales que distinguen la verdad de la mentira. Los infantes engañan a sus padres con sus gimoteos falsos, los pequeñines aprenden a mentir cuando quebrantan las reglas establecidas y aparentan ignorancia; además, el típico niño de cinco años de edad se vuelve bastante hábil en mentir con éxito.

¿Suena esto muy severo? Supongo que la mayoría de nosotros recordamos cuando en nuestra temprana edad decidimos mentir o no como una manera de tratar con los problemas. Mi observación es que los mentirosos crónicos comenzaron en la edad preescolar. Los que no son mentirosos crónicos han tomado la decisión de detener la tendencia a mentir en el mismo periodo de tiempo preescolar.

Por desdicha, Joe nunca tomó esa decisión en su temprana edad.

Hoy Joe tiene una aljaba llena de mentiras que usa. Envía un texto a un familiar para decirle que se demora debido al tráfico y también que su vecino fue a pedirle su opinión acerca de un problema eléctrico, por lo cual también se retrasó. Ninguna de esas alegaciones son verdad, pero las mentiras impulsan el estilo de vida de Joe. En el trabajo, cuando escribe un correo electrónico acerca de un problema, si puede mentir para librarse del problema, saca una mentira de su aljaba: **Hola, no he visto el correo electrónico acerca de la cuenta de Clifford. Voy a comunicarme contigo después que la encuentre. Lo siento, voy a necesitar otro día para buscar la cuenta.** Por supuesto, eso es mentira. Joe vio el correo electrónico. Cuando recibe un mensaje grabado de su jefe para que se presente al trabajo el sábado por la mañana, le dice más tarde que nunca recibió esa llamada. Y que supone que uno de sus hijos «borró todos» los mensajes grabados en la contestadora automática de la casa. Joe siempre piensa cómo mentir, porque para Joe hacer otras cosas es más importante. Eso le fue inculcado desde la infancia. Es una reacción predeterminada. Parece una disposición natural.

Algunos argumentan que Joe es un mentiroso crónico que nunca cambiará. Sin embargo, soy más que optimista con alguien así. Como cualquier comportamiento adictivo, una persona puede someter su adicción bajo control. Ciertamente la Biblia nos da esa esperanza. El apóstol Pedro escribió: «Por tanto, desechando… todo engaño…» (1 Pedro 2.1). Eso es posible y se espera. Es poco probable que Joe sienta el incentivo de cambiar su tendencia crónica de mentir y que logre el éxito en la vida cuando los que promueven y recompensan se dicen el uno al otro: «En realidad, Joe no es veraz ni digno de confianza».

El imitador

A nuestros hijos les decimos: «Simplemente porque otros usen drogas, no significa que pueden usarlas. Sencillamente porque otros conduzcan sin cuidado, no significa que tú debes hacer lo mismo. En esta familia no somos imitadores. Nosotros no hacemos lo mismo que los demás».

Solo porque todos mientan una vez u otra durante la infancia o la edad adulta no convierte eso en un principio universal ni, en consecuencia, en algo correcto. No debemos declarar eso como una ley inevitable de la naturaleza (aunque sería apropiado insistir que mentir es parte de la naturaleza humana pecaminosa).

Si la familia y los amigos mienten, debemos resistir la idea de que no tenemos otra opción que aceptarlo. Tenemos una opción, aunque es muy difícil. Un artículo informó: «Nuestros resultados indican que las tendencias a mentir de una persona pueden predecirse conforme a las mismas tendencias de sus amigos y familiares».[19] Los que nos acompañan pueden influenciarnos a mentir, a menos que demos los pasos para resistir esa influencia. Debemos decirle no a la mentira, de otra manera nuestra familia y nuestros amigos pueden inducirnos a caer en esa trampa. Es por ello que la Biblia advierte: «No se dejen engañar: "Las malas compañías corrompen las buenas costumbres"» (1 Corintios 15.33).

Cuando un hermano adulto tuitea una mentira acerca del supuesto trato horrible de un negocio local, ¿actuaríamos como títeres que repetimos en nuestro propio tuit lo que dijo nuestro hermano, simplemente porque es nuestro hermano? ¿Dejaremos que él corrompa nuestra moral? O, cuando nuestro compañero de trabajo miente a un cliente, ¿apoyaremos su mentira para evitar ser excluidos del círculo laboral que se reúne diariamente para almorzar? Los imitadores creen que tienen poca influencia en lo que dicen, pero no es así. Cada uno de nosotros podemos ser veraces, mantenernos firmes y ser honestos con nuestras convicciones y nuestra conciencia. No debemos desechar nuestro compás moral, aunque nunca más nos inviten a almorzar.

A menos que unos depravados hayan raptado a la abuela y la tengan como rehén hasta que mintamos, robemos y engañemos para conseguir el dinero por el rescate, todas las otras circunstancias están bajo nuestro control y reflejan nuestras convicciones. Es incorrecto decir: «No quiero mentir, pero las personas que me rodean mienten, por tanto debo conformarme al plan de juego». No estamos impotentes ni carecemos de esperanza. Imitar es una decisión que tomamos. Esto no es lo que «ve el mono, el mono lo hace». Somos seres espirituales hechos a imagen de Dios que controlamos nuestro propio destino moral.

El persistente

Una persona me escribió, diciendo: «Una vez, durante una batalla por mi custodia entre mis guardianes legales, dije que uno de ellos no me alimentó. En ese tiempo, tenía más o menos cuatro años de edad, pero me di cuenta de que estaba mal. En realidad no era mi intención ir tan lejos». De hecho, una mentira puede propagarse rápido, por lo que tenemos que tratar de controlarla; eso puede comenzar cuando estamos en la etapa preescolar.

Otro escribió a qué se compara mentir persistentemente. «Es manipular a tres muchachas al mismo tiempo que ninguna sabe de la existencia de la otra. Es inventar excusas para explicar por qué no puedes pasar tiempo con una de ellas debido a que ya te comprometiste con la otra. Es tratar de recordar qué excusa le diste a cuál muchacha y después inventar historias de lo sucedido en el supuesto evento. Es un trabajo difícil».[20] Las personas que llevan una vida carnal y egoísta prueban que mentir es tan estúpido como detestable.

Una mentira alimenta a otra, como una cadena de alimentos. La primera mentirilla alimenta un poco más a otra mentira, la cual después se convierte en una mentira mucho más grande. Usted entiende esta idea. Este tipo de mentira es como una bola de nieve que crece. Mentimos acerca de la mentira y después mentimos acerca de la mentira de la mentira. ¡Es interminable y expansiva! Las mentiras pueden aumentar exponencialmente como un cáncer que avanza sin cura. Uno vive cada día preparado para mentir debido a la abundancia de mentiras. Realmente es una red de mentiras. Es exigente y agotador tratar de cubrir la mentira. Muchos finalmente dijeron: «Ya no mentiré más. No vale la pena. Estoy exhausto». Los que persistimos en mentir debemos dejar de hacerlo. No debemos esperar hasta morir cuando otros lean en nuestra lápida: «¡Por fin, donde yace ya no miente!».

En el último capítulo tocamos el tema de la confesión. Algunos necesitamos despojarnos de ese peso. No podemos avanzar más rápido que una avalancha. La avalancha nos alcanzará. Cuando quedemos atrapados en todas nuestras mentiras y estemos obligados a confesar, ¿quién creerá que somos sinceros? Sin embargo, tomar nuestra propia iniciativa, envía un mensaje de sinceridad y remordimiento. La mayoría de las personas perdonan a los que desean dejar de perpetuar falsedades. Por eso cuando confesamos, ¡nos sentimos limpios!

El avergonzado

Las mentiras casi siempre se relacionan con lo que hemos hecho mal éticamente, legalmente o moralmente. Mentimos para cubrir las cosas malas que hemos hecho. Mentimos para cubrir nuestras futuras malas acciones. Mentimos respecto a nuestros presentes malos hechos.

La mayoría de nosotros, cuando violamos lo que es legal o moral, sentimos vergüenza. En ese punto estamos ante una encrucijada. ¿Confesaremos o lo encubriremos?

Varios años atrás, mi esposa, Sarah, fue sorprendida por exceso de velocidad. Cuando el oficial se acercó al vehículo, Sarah exclamó: «Soy culpable. Merezco una multa. Por favor, démela. Creo que iba alrededor de treinta millas de más». Sorprendido, el oficial dijo: «Señora, en todos mis años como policía, nadie jamás dijo: "Deme una multa". Señora, continúe su camino. Que tenga un buen día». Después Sarah arguyó con el policía porque ella honestamente merecía una multa y no tenía miedo a la verdad ni al costo, por más problemático que eso fuera. ¿Por qué Sarah respondió de esa manera? Porque no miente cuando está avergonzada de algo que ha hecho mal. Ante la vergüenza, Sarah dice la verdad para estar limpia. Muy simple.

«Sin embargo, Emerson, ¿qué tal si decir la verdad sea realmente costoso, mucho más que una multa por exceso de velocidad?». Decir la verdad puede costarnos todo, como ocurre con un estafador que confiesa su crimen y va a prisión. O un esposo que confiesa a su esposa su adulterio y ella se divorcia de él y se lleva a los hijos a otro estado. Sin embargo, no es la verdad la que nos cuesta todo; es nuestro mal proceder. La verdad no es el enemigo.

Me habría gustado decir algo más gentil a los que han cometido un crimen serio, pero no puedo. Puedo decir que los creyentes en Cristo que han confesado experimentan la paz de Cristo, una conciencia clara, unas meditaciones significativas de las Escrituras, un renovado poder en la oración, un gozo en la adoración en la iglesia y un ministerio fructífero entre los pecadores. Nada de esas cosas pasaban anteriormente debido al pecado encubierto y la vergüenza. Muchos me han dicho: «Es un intercambio pero vale la pena». En realidad, he observado que los esposos que confiesan su adulterio son más felices en ese momento de lo que han sido por meses, aunque su mundo se estaba derrumbando. Liberarse de la vergüenza es algo bueno.

¿Hemos mentido en un correo electrónico, en una reunión de empleados, a través del teléfono, en un informe, acerca de un producto o un servicio? Donde sea que hayamos mentido, no podemos eliminar la vergüenza mintiendo respecto de la mentira. Eso nunca, nunca funciona. Solamente la verdad elimina la vergüenza. Sí, la verdad revela la culpa, pero la confesión sincera quita la vergüenza. Cuando somos francos respecto a nuestra deshonestidad, dejamos de sentir vergüenza. Ahora estamos haciendo lo correcto y bueno.

El que jura

Todos hemos estado al lado de una persona que dice: «Juro por Dios, te estoy diciendo la verdad. Te lo juro por Dios». En efecto, los que juran toman el nombre de Dios en vano.

Los que juran no son «honestos con Dios». Son deshonestos con Dios y con los demás. Están bajo su propio juramento, lo hacen a modo de manipulación para que otros crean que la mentira no es tal cosa. Tales personas carecen de confianza en la verdad de sus propias palabras (porque no están diciendo la verdad) de modo que usan el nombre de Dios como un comodín para ganarse la confianza de otra persona. Quieren que la otra persona pueda decir: «Cualquiera que jure por Dios debe ser una persona honesta con Dios, por lo que debe ser honesta conmigo. Compraré lo que venda».

¿Acaso los mentirosos hacen juramentos y votos a Dios? ¡Quizás más que la mayoría! Pierre Corneille escribió: «El mentiroso siempre es extravagante con las promesas».[21] Y como expresara Vittorio Alfieri: «Los mentirosos siempre son los más dispuestos a jurar».[22]

Jesús dijo: «No juren... ni por el cielo, porque es el trono de Dios» (Mateo 5.34). Y prosiguió: «Antes bien, sea el hablar de ustedes: "sí, sí", o "no, no"; porque lo que es más de esto, procede del mal» (v. 37).

Antes de pulsar enviar, pensemos: ¿Estoy a punto de hacer un juramento en nombre de Dios acerca de algo que sé que no es verdad? ¿Es esto lo que debo hacer? ¿Me diría Jesús: «Lo que estás por comunicar no es correcto? Aunque para ti jurar es muy fácil, incluir a Dios en la conversación, en realidad ¿es muy malo ante mí»?

El astuto

Aunque hoy nos libremos con una mentira, el mes próximo debemos recordar las mentiras y la verdad tal como las hablamos. Eso es un trabajo arduo y consume tiempo. «¿Qué dije en septiembre en cuanto a por qué no pude terminar el informe para el 15 de enero? ¿Dónde está ese ridículo correo electrónico que me recuerda lo que dije?». Para mentir eficazmente, debemos recordar las cosas que dijimos.

Cada uno de nosotros debemos medir nuestra inteligencia. ¿Tenemos una memoria fotográfica de modo que podemos recordar todas las mentiras y las verdades? O ¿carecemos de esa memoria y sabemos que terminaremos olvidando lo que dijimos? Puede que no sea la más noble de las razones, pero algunos decimos: «Yo rehúso mentir porque no soy muy inteligente». Por otra parte, algunos tontamente sucumbimos a las mentiras porque observamos a los políticos y líderes de empresas que mienten sin sufrir consecuencias. «Si ellos pueden, yo puedo». Sin embargo, repito, ellos son muy inteligentes y creen que pueden mentir sin sufrir consecuencias y decidieron que los resultados obtenidos justifican sus artimañas. Ellos no se sienten incómodos con ser alguien contrario a una persona honesta. Por supuesto, yo creo que nadie puede escaparse de una mentira. Es solamente asunto de tiempo en la tierra o en el cielo. Leemos en 1 Timoteo 5.24: «Los pecados de algunos están a la vista aun antes de ser juzgados, pero los de otros no son evidentes sino hasta después» (PDT).

Esta es la razón por la que cada uno debe decidir la carrera que desea seguir y qué tipo de persona será en el desempeño de esa función. La mayoría de nosotros estaría de acuerdo con Ralph Waldo Emerson: «El carácter es más relevante que el intelecto».[23]

Seamos o no astutos, somos bastante sabios para no mentir. Al final, no vale la pena mentir, ¡y la persona muy inteligente comprende esto!

El locuaz

Un pastor que conozco dejó de pastorear su primera vez después de un año, pero después pasó más de cuarenta años en su siguiente iglesia. Al preguntarle acerca de los extremos en su función del cargo, el pastor dijo que se debía a la ilustración de la rana toro.

«Las ranas toro en una laguna tienen la habilidad de croar fuerte, lo cual da la impresión de que decenas de ellas residen en la laguna cuando, en realidad, puede que haya una o dos. En mi primer pastorado, una persona me dijo: "Todos están diciendo que no les gusta lo que hace como pastor". En ese tiempo, yo no sabía que esa persona era una rana toro. Él me dio la impresión de que la mayoría de la congregación no estaba contenta conmigo. Así que renuncié a esa iglesia. Sus comentarios le dieron poder y funcionó.

»En la segunda iglesia una persona me relató la historia de la rana toro, de forma que cuando comenzaron las quejas, yo preguntaba: "¿Quién se siente así?". Nadie me daba un nombre específico. De modo que decidí no creerles. No quería eludir sus preocupaciones, pero rehusé tomar una decisión importante basada en los reclamos individuales. Cuando ellos decían "todos" me estaban dando un comentario engañoso. Quizás "todos" en su grupo sentían de esa manera similar, pero no "todos" los demás en la iglesia».

Una vez escuché un informe acerca de una batalla en Vietnam. El ejército estadounidense dijo a la prensa que los descensos eran leves. Lo que ellos querían decir era que todos los soldados pesaban menos de setenta y dos kilogramos. Quizás ese ejemplo de tergiversación de las palabras es algo más extremo de lo que somos culpables, pero ¿acaso nosotros también no tergiversamos al menos de maneras ambiguas y lo peor, intencionalmente, con engaños? ¿Alguna vez ha dicho cualquiera de los que se citan a continuación? Si lo dijo, ¿cuál habría sido su respuesta si le hicieran la pregunta siguiente?

- «Todos sienten de esta manera».
  ¿Quién?
- «La experiencia ha probado…».
  ¿La experiencia de quién?
- «Hay un creciente número de pruebas…».
  Por favor muéstremelo.
- «Este es el ganador del premio».
  ¿Quién otorgó el premio y por qué?
- «Nuestro producto es considerado el mejor».
  ¿Basado en qué pruebas y cuál criterio?
- «Las investigaciones revelan…».
  ¿Quién hizo el estudio y qué oposición hubo a esos estudios?[24]

La intención tras la locuacidad no siempre es mala. Las personas pueden tener compasión y buena voluntad. ¿Acaso no sentimos algo de simpatía cuando nos enteramos que la empresa no «despidió» a las personas sino más bien «disminuyó de personal»? ¿Acaso no preferimos que el gobierno use el término «buscadores de trabajo» en vez de «desempleados»? Y, ¿acaso la policía no usa la «persuasión física» y no la «violencia»?

Ninguna de estas expresiones son básicamente malas, pero pueden servir para recordarnos que podemos sobrepasarnos con afirmaciones engañosas. Ser discretos es una cosa, pero otra es engañar.

El cautivador

Isabel Fonseca escribió: «En general, mentir es un asunto de alegría. Las exageraciones sirven para dar placer. Las personas desean contarte lo que se imaginan que deseas oír.

Quieren cautivarte; quieren deleitarse; quieren ofrecerte un buen tiempo. Esto va más allá de la hospitalidad. Es un arte».[25] Piénselo. ¿Por qué algunas personas exageran? Porque desean entretener. En muchos ambientes sociales, prestamos atención al relator que exagera los episodios alegres.

Sin embargo, hay alguien aparte del entretenedor. Están aquellos que encuentran placer en engañar a otros. Aunque es difícil para mí decir esto, algunas personas entran a la política porque reciben satisfacción cuando «atrapan» a otras con sus argumentos. No se trata acerca de qué es verdad sino del juego político. La clave es dar una mejor perspectiva al tema que la del otro candidato y dejar en jaque a la oposición. Me tomó un tiempo entender esto porque me agotaba la idea de estar en esta disputa día tras día. Entonces un día entendí: «A ellos les gusta este juego polémico. Esto les entretiene más de lo que supongo. Es una disputa que les vigoriza». Además, en este ambiente ellos no sufren la responsabilidad por las difamaciones y las mentiras. Los tribunales les dan permiso en política. Pueden tomar una declaración que dijo al paso el oponente y publicarla, pero antes eliminan el comentario adicional que aclara, «habiendo dicho eso, permítame explicar por qué no puede ser verdad». El nombre del juego no es informar correctamente. Es ganar. Así, después de una entrevista por televisión el equipo celebra con sus pares cuando su jugada de comentarios engañosos prueba ser persuasiva.

¿Me pasé la racha? ¿Por qué a menudo escuchamos esta declaración: «A veces puedes engañar a todas las personas y a veces a unas personas, pero no puedes engañar a todas todo el tiempo»? La persona que cita este comentario sabe que hay algunas que procuran engañar a la multitud, aunque en definitiva no puedan lograrlo. Es curioso que, algunas simplemente lo hacen por oposición y diversión. Ellas tienen una sensación extraña de placer al intentar engañar a un gran número de personas de manera normal. Una expresión que actualmente se usa es «noticias falsas». Hay muchas razones de por qué las personas inventan noticias falsas, pero algunas lo hacen por una en especial: es un juego para probar si pueden ganar sin sufrir consecuencias.

Antes que pulsemos enviar, necesitamos preguntarnos: ¿Es esto algo que puedo hacer sin sufrir consecuencias solo por divertirme?

¿Por qué debemos comunicar la verdad?

Nuestra credibilidad se basa en nuestra veracidad. Cuando Teddy Roosevelt era ganadero, él y un nuevo vaquero cruzaban a caballo una sección de su campo cuando se toparon con un animal del rancho vecino que aún no había sido marcado. El animal se había escapado hasta llegar a la propiedad de Teddy, que instruyó al vaquero que marcara al animal con la marca del ranchero vecino, como era la costumbre. Roosevelt recuerda que el hombre respondió: «Está bien jefe; conozco mi trabajo. "Espera un minuto", dije; "estás poniéndole mi marca". Él replicó: "Siempre pongo la marca del jefe". Después le dije: "¡Oh!, bien; regresa y trae la tarjeta de tu horario de trabajo". El vaquero respondió: "¿Por qué debo hacer eso?". Y yo le dije: Mi amigo, si robas para mí, me robarás también a mí"».[26]

Roosevelt había aprendido una verdad triste pero real. La persona que roba por usted es un ladrón y los ladrones le robarán a usted cuando la ocasión les permita.

Lo mismo ocurre con la persona que miente. El que miente por usted, también le mentirá a usted.

¿Mentimos en el trabajo? Los rumores comienzan a nuestras espaldas cuando los demás en nuestro lugar de trabajo sospechan que no decimos la verdad. Cuando comprometemos la verdad, nuestra credibilidad desaparece rápidamente. La gente no puede tolerar a los mentirosos. En realidad, las personas temen que un mentiroso pueda mentir sobre ellas o a ellas. La mentira les parece tenebrosa a las personas. Satanás mismo se conoce como un mentiroso.

Por cierto, una vez que nos consideren como un mentiroso, ¿nos creerían cuando digamos la verdad? No lo creo probable. Si queremos tener credibilidad, debemos ser veraces. Como dijo Michael Josephson: «La honestidad no siempre recompensa, pero la deshonestidad siempre cuesta».[27]

La verdad siempre ayuda a las personas, de manera que debemos tener el coraje de decirla. Debido a que pastoreaba en una ciudad universitaria, muchas parejas jóvenes me pidieron que oficiara su matrimonio. Antes de darles mi consentimiento, las parejas deben participar en el curso prematrimonial de seis semanas que se dicta en la iglesia, lo que también incluye las pruebas. Los líderes de la iglesia hicieron este paso obligatorio, dejando en claro que si detectaban alguna señal de alerta, se reservaban el derecho de no permitir la ceremonia matrimonial en nuestro local. Las parejas sabían esto con antelación. Cada cierto tiempo tuvimos que decir no. Nunca fue fácil. La pareja quedaba herida. Sin embargo, recuerdo que un grupo de padres nos agradecieron profundamente por rehusarnos a celebrar la ceremonia matrimonial, puesto que ellos ya habían notado alarmas en varias áreas, pero sentían que no podían decir nada al respecto. Quedaron eternamente agradecidos porque mostramos el interés suficiente para confrontar.

No era motivo de alegría para nosotros decir la verdad basada en nuestros elementos de evaluación premarital. Sin embargo, sabíamos que era lo correcto. Nuestra motivación era pura. Nuestra consejería era gratuita. Deseábamos ayudar para que esas parejas alcanzaran el éxito en su relación matrimonial. Sabíamos además que la mejor predicción de la conducta futura es la conducta pasada, y puesto que esas parejas tenían serios problemas de conducta pasada, no teníamos razón para creer que algo cambiaría a menos que ellos cambiaran primero. Necesitábamos humildemente, pero con sinceridad, decirles la verdad. Eso requirió coraje.

Aunque muchas parejas no quedaron contentas con nuestra evaluación, hubo otras a las que aconsejamos que pospusieron la ceremonia matrimonial hasta que resolvieron los problemas pasados y respondieron humildemente: «Por favor, díganos qué debemos hacer». Más de tres décadas después algunas de esas parejas, que luego contrajeron matrimonio, ahora son nuestros mejores amigos. La verdad les ayudó ampliamente.

No debemos permitir que el temor nos impida decir la verdad. Platón dijo: «Debo suponer que tu silencio otorga consentimiento».[28]

Un punto muy importante de este libro es esto: si lo que pensamos es verdad, bondadoso, necesario y claro, debemos tener el coraje de pulsar enviar. Esto no se trata de abstenernos de hablar; esto alude a que hay que hablar. Por favor, óigame. ¡Pulse enviar!

Dios nunca miente y nos llama a que imitemos su ejemplo. Muchos estamos conscientes de ciertos versículos bíblicos, tales como: «Dios no es hombre, para que mienta...» (Números 23.19); «...es imposible que Dios mienta» (Hebreos 6.18); o «Dios, que no miente» (Tito 1.2). Luego leemos en Efesios 5.1: «Sean, pues, imitadores de Dios como hijos amados». Ante tal exhortación la mayoría de nosotros reacciona, diciendo: «Bueno, no puedo ser perfecto. No puedo ser igual a Dios y nunca, nunca mentir».

Pero si es así, entonces ¿por qué Dios dice: «dejando a un lado la falsedad» y «hablen verdad» (Efesios 4.25)? Dios no favorece a los que aman y practican la mentira (Apocalipsis 22.15).

Dios nos ama y no ignorará nuestra mentira. Jesús reveló: «Pero Yo les digo que de toda palabra vana que hablen los hombres, darán cuenta de ella en el día del juicio» (Mateo 12.36). Romanos 14.12 afirma: «...cada uno de nosotros dará a Dios cuenta de sí mismo». ¿Es esta una táctica ideada por los escritores bíblicos, e incluso Jesús, para que las personas se alarmen y se sometan? ¿Debería rechazarse esta noción de un juicio ya que algunos han creado una caricatura de Dios como un impertinente cósmico listo para acometer contra nosotros porque mentimos? Cada uno de nosotros debe decidir qué cree. En cuanto a mí, tomo seriamente lo que dijo Jesús. Hubiera preferido no creerlo, pero debo hacerlo. He decidido confiar en las promesas y las advertencias de Cristo.

«Pero, Emerson, Dios perdonará todos nuestros pecados, incluso nuestras mentiras. Cristo murió en la cruz para pagar la pena por todos nuestros pecados, incluso mis mentiras». Sí, empero hay dos cosas que usted y yo no podemos impedir. La primera, la disciplina amorosa de Dios en la tierra cuando mentimos. Lea Hebreos 12 acerca del amor de Dios que impulsa su disciplina paternal en nosotros, como sus hijos.

En otras palabras, Dios nos ama tanto que no puede dejar de oír nuestras falsedades. Como un padre terrenal reprende y corrige a un hijo que miente, Dios hace lo mismo con nosotros. En segundo lugar, aunque la vida eterna es un regalo basado en nuestra fe en Cristo, que pagó la pena por nuestros pecados, Dios provee una añadidura llamada «recompensas». Cuando lleguemos al cielo, el cual no podemos ganar, ¡hay recompensas que se otorgan a los perdonados! Dios nos recompensa por las obras que hemos hecho. Esas recompensas son importantes porque Dios dice que lo son. En el juicio, algunos creyentes en Cristo, no recibirán recompensa. Supongo que se debe a las palabras vanas, las que mencionó Jesús (Mateo 12.36), acerca de las cuales daremos cuenta, serán un factor contribuyente para no recibir recompensas de Dios. ¡Estas palabras vanas pueden causar que perdamos las recompensas que hemos ganado, según lo afirma el apóstol Juan! (2 Juan 1.8). Aquellos que viven conforme al reino de este mundo, ayudando a las mentiras de sus asociaciones mundanas, un día se darán cuenta que edificaron sus casas sobre la arena (Mateo 7.26) en vez de fundarlas sobre las palabras de Jesús como imitadores de él. Para el creyente verdadero, esto importa más de lo que puede ganarse a través de una mentira, infinitamente más.

La verdad es más fácil de recordar que la verdad mezclada con mentiras. Como dije anteriormente, muchos de nosotros hemos decidido hablar la verdad por razones menos nobles. Nos hemos dado cuenta de que no somos lo suficiente inteligentes para recordar las verdades y las mentiras, y es inevitable que nos atrapen en una mentira. Por esa razón, durante el interrogatorio el abogado repite la misma pregunta, variándola de una y otra forma, por seis u ocho horas durante una exposición de dos horas. Si la persona interrogada está mintiendo, no podrá dar seguimiento a todos los detalles de lo que había fraguado antes.

Hablar la verdad es mucho más fácil.

Cuenta la historia que un día en un tribunal, el fiscal levantó la voz ante un muchacho que había estado por veinte minutos en el estrado de los testigos y exclamó: «Hijo, sé honesto. Tu padre te dijo lo que debías decir en el tribunal, ¿verdad?». El muchacho respondió: «Sí señor, me dijo». Muy felizmente el abogado pensó que había atrapado al muchacho. «Bien, hijo, ¿qué te dijo?». Humildemente el niño respondió: «Me dijo: "Hijo, di la verdad, y solamente repite lo mismo una y otra vez cuando te pregunten"».

Me gusta esa historia. Mark Twain escribió: «Si dices la verdad no tienes que recordar nada».[29]

Muéstrame a un comunicador veraz en sus correos electrónicos, llamadas telefónicas, en almuerzos de trabajo, en reuniones familiares y en otras cosas parecidas, y te mostraré una persona que ha deducido que, «las mentiras son muy tediosas y preocupantes».

¿Cómo podemos responder a los que comunican falsedad?

¿Tiene un miembro de la familia, amigo o compañero de trabajo que evade la verdad? ¿Se ha preguntado cómo hablarle acerca del asunto? Aquí damos algunas recomendaciones básicas en cuanto a qué decirle a una persona mentirosa en nuestro entorno.

- AL TEMEROSO («Sinceramente temo las consecuencias de mis errores pasados, de manera que los cubro»), dígale:

  «Necesito que tengas valor pese a las consecuencias. Cuando el temor causa que retengas la verdad, quiero que declares con valor: "¡Puedo controlar la verdad!"».

- AL EGOÍSTA («¿Qué puedo decir? La mentira funciona a mi favor, ya que ayuda a mi plan»), dígale:

  «Necesito respeto mutuo. Cuando mientes para favorecer tus intereses, me siento usado e inútil como ser humano. Soy importante también, y debo vivir conmigo mismo al igual que contigo».

- AL EVASIVO («Si los demás no saben lo que hice mal, habrá menos problemas en todo»), dígale:

  «Necesito que seas totalmente transparente. Cuando evades mis preguntas, desconfío. Sospecho que encubres algo cuando me evitas, diciendo: "No lo sé" o "no testificaré en mi contra"».

- AL ORGULLOSO («Necesito lucir mejor de lo soy, de manera que otros tengan buen concepto de mí y me quieran»), dígale:

  «Necesito que seas tú mismo». Es probable que no te guste lo que eres, pero a mí me gustas. Sin embargo, no puedo tener una relación con alguien que no sea sencillamente franca consigo misma como persona».

- AL OPORTUNISTA («Miento porque me resulta más rápido y fácil en el momento»), dígale:

  «Necesito que te resistas a la conveniencia de mentir. Hoy podrías librarte con una mentira, pero el mes próximo debes recordarla exactamente para controlar el daño. Eso es un trabajo largo y arduo».

- AL SENTIMENTAL («Si siento que es verdad, lo digo. No necesito todos los hechos cuando siento que está bien»), dígale:

  «Necesito que dejes de hacer suposiciones basadas solamente en tus sentimientos. Tus sentimientos son reales, pero eso no necesariamente indica que sean correctos. Necesitas hechos que apoyen tus sentimientos».

- AL DISTRAÍDO («No sabía que lo que dije no era exacto; todos cometen errores»), dígale:

  «Necesito tu integridad pero también exactitud. Tu corazón está en lo correcto. Sin embargo, necesito que seas más cuidadoso para cometer menos errores; ese esfuerzo extra valdrá la pena».

- AL ADULADOR («Quiero ser veraz y discreto, pero los elogios falsos me dan buen resultado»), dígale:

  «Necesito tu afirmación. Realmente la quiero. Sin embargo, no necesito tus elogios falsos. Tu mentira te descalifica y me ofende. Necesito honestidad, que hables con amor y respeto».

- AL ILUSO («Algunos afirman que me miento a mí mismo, pero eso es mentira. Soy ciento por ciento honesto conmigo mismo»), dígale:

  «Necesito que dejes de creer que lo falso es verdad y que lo verdadero es falso. Enfrentar los hechos es difícil. Ninguno de nosotros disfruta viendo sus defectos, pero es necesario para tener éxito».

- AL CAMALEÓN («Para evitar el conflicto, cambio mis creencias y me adapto a mi auditorio, lo cual les place»), dígale:

«Necesito que entiendas que pierdes tu identidad cuando cambias cada creencia como un camaleón. Esto no solamente disminuye tu credibilidad, tampoco tienes convicciones sólidas, ¿cierto?».

- AL ATRAPADO («Eso no es mi culpa. Me persuadieron para guardar el secreto y facilité una mentira»), dígale:

«¡No permitas que por tu integridad prometas guardar el secreto de una persona sin integridad! ¡Qué contradicción! Están aprovechándose de ti. Para ti este es un juego perdido».

- AL PROTECTOR («Me siento responsable de proteger los intereses de otra persona aunque tenga que mentir para hacerlo»), dígale:

«Necesito que seas protector. Sin embargo, no protejas a otro mediante la mentira. A nadie le haces un favor al mentirles. Esa no es una virtud; es permitirles que sigan mintiendo».

- AL CRÓNICO («Siempre he mentido, incluso cuando era mejor decir la verdad. A veces algo me domina»), dígale:

«Estoy de acuerdo de que mientes cuando no necesitas hacerlo. Parece que la mentira es parte de tu vida. ¿Qué puede motivarte a cambiar? Pensemos juntos acerca de esto para determinar un plan diferente».

- AL IMITADOR («En realidad no estoy interesado en mentir, pero todos mienten, de manera que yo también miento»), dígale:

«¿Recuerdas el consejo de tu madre: "Si alguien salta desde un precipicio, tú no saltes"? Esto no sugiere a otras personas. Esto tiene que ver contigo. No necesitas imitar a otros y en consecuencia comprometes tu integridad. No reemplaces tu propia responsabilidad».

• AL PERSISTENTE («Miento para mantener las otras mentiras que dije; lamentablemente, las mentiras engendran mentiras»), dígale:

«Necesito que digas la verdad sin rodeos. Entonces no tendrás que mentir por mentir. Serás mucho más feliz cuando no tengas que preocuparte de seguir manteniendo la mentira que dijiste».

• AL AVERGONZADO («Me siento algo humillado por las malas cosas que cometí, de manera que miento para aparentar que soy bueno»), dígale:

«Puedes mentir acerca de tu inmoralidad y aparentar tener buena moral. Sin embargo, no puedes sentir que tienes buena moral a causa de tu mentira. No puedes quitar la vergüenza con una mentira. En realidad, aumenta tu sentimiento de vergüenza».

• AL QUE JURA («Admito, cuando encubro algo, que juro por Dios de manera que otros crean lo que estoy diciendo»), dígale:

«Necesito que entiendas que incluso cuando dices: "juro por Dios", que no has sido honesto. Mientes usando la frase "juro por Dios". Juras por el cielo para mentir. Esa es simplemente una muy mala idea».

• AL ASTUTO («Soy inteligente, reteniendo las mentiras y la verdad. Es fácil librarse con las mentiras»), dígale:

«Solamente un verdadero genio puede recordar todas las mentiras y todas las verdades. Tú y yo las olvidaremos. Incluso si eres un genio que puede recordarlo todo, aún sigues mintiendo. Hablar la verdad es mucho más inteligente».

• EL LOCUAZ («Me resulta fácil y divertido tergiversar las palabras, usando el doble sentido que engaña»), dígale:

«Eres excelente con las palabras, pero necesito que averigües por qué tratas de engañar a las personas con ellas. Tienes mucho de lo cual estar orgulloso sin tener que exagerar y engañar a las personas con dobles significados».

• EL CAUTIVADOR («Francamente, considero engañar a otros como un juego estimulante y entretenedor»), dígale:

«Mentir solamente para ver si puedes librarte es un juego cruel. ¿Por qué crees que haces eso? ¿Estás aburrido? ¿Hay algún grupo al que tratas de impresionar de cuán inteligente eres en engañar a otros?».

En conclusión

Si nuestra comunicación no es verdad, ¿de qué sirve seguir hablando acerca de la comunicación bondadosa, necesaria y clara? La verdad es el centro de los demás tres componentes de la comunicación sabia.

Sin embargo mentira no se limita a lo horizontal. Hay una dimensión vertical mucho más grande e importante. Racionalizar las mentiras, disminuyen su gravedad y fantasear para librarse con falsedades no es una opción para el que verdaderamente cree en Dios. En definitiva y al final de nuestra vida, esto es entre Dios y nosotros. Nuestras mentiras secretas no escaparán a la mirada de nuestro amante Dios. Pablo escribió: «...Dios juzgará los secretos de los hombres mediante Cristo Jesús» (Romanos 2.16). El creyente en Cristo entiende lo que Pedro le dijo a Ananías: «¿Por qué concebiste este asunto en tu corazón? No has mentido a los hombres sino a Dios» (Hechos 5.4).

Nuestra comunicación es muy importante para Dios. Aunque parezca extraño, Dios está leyendo nuestra correspondencia y cuando no somos veraces con otros, tampoco somos veraces con él. No es que no podamos mentir, más bien nos preguntamos: *¿Por qué mentir cuando amo a Dios y sé que Dios me ama, y mi comunicación es realmente un reflejo de mi comunicación con él?* Esta es nuestra profunda comprensión antes que pulsemos enviar. Tenemos un auditorio de Uno.

Si no estamos seguros si es mentira, ¿podemos orar al respecto? ¿Podemos presentar ante Dios el asunto? En *Las aventuras de Huckleberry Finn*, Mark Twain escribió: «No pueden rezar mentiras, según comprendí entonces».[30]

Una última palabra. ¿Por qué nos hemos enfocado más en una comunicación falsa que en una comunicación veraz? Tenemos la tendencia a aprender mejor cuando se expresa algo en forma negativa. Dios sabe esto, de manera que nos dio los Diez mandamientos. Ocho de los mandamientos son: «No deberás».

Yo lo digo de esta manera: Presto atención cuando leo: «No corra alrededor de la piscina para que no se resbale, caiga y muera». Recuerdo esto mejor que «camine alrededor de la piscina, tenga cuidado y viva largamente».

Después de haber dicho esto, inspirémonos por los positivos siguientes acerca de la comunicación veraz.

Socialmente, seremos personas

- **De confianza:** Las personas confían en nosotros cuando somos predecibles comunicadores de la verdad.
- **Creíbles:** Ser veraces en asuntos pequeños nos hace creíbles en asuntos importantes.

- **Respaldadas:** Cuando las personas confían que somos veraces, respaldarán nuestro derecho a nuestras creencias.
- **Persuasivas:** Nos escuchan y quedan persuadidas cuando siempre hablamos la verdad.
- **Buena reputación:** Tenemos una reputación mucho más creíble como veraces.
- **Ejemplos:** Somos mejores ejemplos a los niños cuando hablamos la verdad.
- **Auténticas:** Llevamos una vida conforme a la realidad.
- **Cándidas:** Confiamos en otros inicialmente, lo cual crea un intercambio positivo inmediato.

Personalmente, seremos

- **Inocentes:** Nuestra honestidad habitual nos da una conciencia limpia.
- **Tranquilos:** Hablar siempre la verdad nos da paz mental, y dormimos bien.
- **Libres:** Vivimos libres de las exposiciones (acusaciones) puesto que nada hay que explicar.
- **Sanos:** Tenemos menos tensión y mejor salud por hablar la verdad.
- **De buena autoestima:** Andar en integridad nos ayuda a tener una buena autoestima.
- **Autosuperados:** La honestidad es la mejor política porque ayuda mejor a nuestros intereses a largo plazo.
- **Sencillas:** Durante toda la vida, decir la verdad hace nuestra vida mucho más fácil.
- **Imitadores de Dios:** Nuestra manera de hablar veraz imita a Dios, que nunca miente.

CAPÍTULO 2

¿ES BONDADOSO?

Meditación bíblica acerca de hablar lo bondadoso

- Efesios 4.15—Más bien, **al hablar la verdad en amor**, creceremos en todos los aspectos en Aquél que es la cabeza, es decir, Cristo.
- 1 Corintios 13.4—El amor es **bondadoso**...
- Proverbios 15.1—La **respuesta mansa** aparta el furor, pero la palabra hiriente hace subir la ira.
- 2 Timoteo 2.25—**Debe reprender tiernamente** a los que se oponen, por si acaso Dios les da el arrepentimiento que conduce al pleno conocimiento de la verdad.
- Colosenses 4.6—**Que su conversación sea siempre con gracia**, sazonada como con sal, para que sepan cómo deben responder a cada persona.

- 1 Pedro 3.9—No devuelvan mal por mal ni maldición por maldición sino, por el contrario, bendigan; pues para esto han sido llamados, para que hereden bendición (RVA2015).
- 1 Corintios 4.13 Si nos calumnian, los tratamos con gentileza (NVI).
- Proverbios 16.21-24—El sabio de corazón será llamado prudente, y la dulzura de palabras aumenta la persuasión. El entendimiento es fuente de vida para el que lo posee, pero la instrucción de los necios es necedad. El corazón del sabio enseña a su boca y añade persuasión a sus labios. Panal de miel son las palabras agradables, Dulces al alma y salud para los huesos.
- Proverbios 12.25—La angustia abate el corazón del hombre, pero una palabra amable lo alegra (NIV).
- Proverbios 15.4—Las palabras que brindan consuelo son la mejor medicina; las palabras dichas con mala intención son causa de mucha tristeza (TLA).
- Proverbios 19.22—Lo que es deseable en un hombre es su bondad.
- Miqueas 6.8—Él te ha declarado, oh hombre, lo que es bueno. ¿Y qué es lo que demanda el SEÑOR DE TI, sino sólo practicar la justicia (el derecho), amar la misericordia (lealtad), y andar humildemente con tu Dios?
- Eclesiastés 10.12—Llenas de gracia son las palabras de la boca del sabio, mientras que los labios del necio a él lo consumen.
- 1 Pedro 3.15—Sino santifiquen a Cristo como Señor en sus corazones, estando siempre preparados para presentar defensa ante todo el que les demande razón de la esperanza que hay en ustedes. Pero háganlo con mansedumbre y reverencia.

- Colosenses 3.8—Pero ahora desechen también todo esto: ira, enojo, malicia, insultos, **lenguaje ofensivo de su boca.**
- Proverbios 12.18—Hay quien **habla sin tino** como golpes de espada, Pero la lengua de los sabios sana.
- Proverbios 25.15—Con la mucha paciencia se persuade al príncipe, y la **lengua suave** quebranta los huesos.
- Lucas 4.22—Todos hablaban bien de él y se maravillaban de las **palabras llenas de gracia que salían de su boca**, y decían: "¿No es éste el hijo de José?"

¿Es bondadoso y respetuoso?

Las personas oyen sus palabras de verdad y las sienten bondadosas. En otras palabras, ellas sienten su amor y su respeto. Defino la *bondad* como ser una persona cariñosa y respetuosa.

El conejo Thumper dijo: «Si no puedes decir nada bueno, no digas nada».[1] Yo prefiero decir: si no te muestras como una persona respetuosa y honorable cuando hablas, no digas nada, al menos no todavía. Las palabras que suenan sin amor ni respeto hieren el corazón de las personas y nos denigran.

Algunas personas creen que la bondad es opcional, una cortesía, como los modales en la mesa, donde uno debe usar el tenedor más pequeño para la ensalada y el más grande para el plato principal. En la página de Facebook *Amor y Respeto*, alguien hizo el comentario siguiente: **La verdad y la honestidad son las mejores virtudes que uno debe poseer. La bondad es simplemente una adición.** No estoy de acuerdo con esa afirmación. Esa no es una amable adición. Cuando usted es veraz todo el día pero a la vez cruel, detestable y despectivo, está creando más enemigos que amigos. Una vez escuché que una persona decía: «Si sé que me odias, no puedo oírte». Nuestra hostilidad y desdén cierra el espíritu de los demás ante la verdad que deseamos que escuchen.

Algunos sienten que la bondad pone en peligro la verdad. Comparan la bondad con dar a otros permiso para que complazcan sus apetitos hedonistas. Sin embargo, la bondad nada tiene que ver con autorizar o estar de acuerdo con la posición de otros. La bondad tiene que ver con nosotros como personas. Somos personas respetuosas y honorables que transmitimos la verdad sin concesiones, de manera cariñosa y respetuosa. Aunque una persona bondadosa muestre un comportamiento que intenta ser comprensivo y compasivo hacia la posición de la otra, esta persona bondadosa rehúsa cambiar la verdad por una mentira. La verdad absoluta no es negociable. Sin embargo, la verdad no avanza por ser uno cruel, detestable y rudo. Ser desagradables e inclementes no defiende la verdad sino que se denigra ella y a nosotros.

En cualquier relación humana, debemos trabajar diligentemente para hablar de manera cariñosa y respetuosa. En efesios 5.33, Dios manda al esposo y a la esposa, la más íntima de las relaciones, a mostrar amor y respeto en su matrimonio. Por esa razón necesitamos aprender de las parejas que han tenido éxito en el matrimonio. Un esposo escribió: «Un argumento aumentará no por su causa en sí mismo sino porque hablo como sin amor y ella podría responder como si no tuviera respeto. Inmediatamente, hacemos una pausa y tratamos de entender lo que el otro procuró decir inicialmente para descubrir por qué estamos enojados el uno con el otro. Nos dimos cuenta que nuestras peleas se deben a que obramos de maneras detestables y sin respeto, y no acerca de las pequeñas cosas que originaron la pelea».

He observado que el sindicato de trabajadores y la gerencia a menudo fracasan en alcanzar un acuerdo. Y no se debe a que la propuesta no sea razonable sino porque durante el proceso el sindicato de trabajadores sentía que no le importaba a la gerencia y, a la vez, la gerencia sentía que el sindicato no les respetaba. Donde hay un trasfondo hostil, se socava la confianza y, por ende, las deliberaciones. En cuanto a las negociaciones, algunos acuerdos pueden ser más justos, pero nuestra rudeza sabotea la propuesta.

Una interrogante por preguntar antes de comunicarnos es:«¿Estoy tratando el asunto o atacando a la persona?». Si la otra persona se siente atacada, las negociaciones serán muy difíciles. Cuando nos sentimos atacados, levantamos barreras y cerramos nuestro espíritu. Puede que estemos presentes, pero estamos tan desconfiados que en realidad no escuchamos.

¿Y qué ocurre con usted? Durante un conflicto, ¿se acerca a otra persona como aliado y no como adversario, como amigo y no enemigo? ¿Supone usted que la persona tiene buenas intenciones y es digna de confianza hasta que descubre un hecho que la hace poco fiable y que carece de buena voluntad?

¿Intenta permanecer optimista y aprobado mientras confronta las inquietudes?

Cuando buscamos persuadir a otros o afectar sus corazones, necesitamos seguir preguntando: ¿Cómo puedo hablar lo que es verdad, necesario y claro sin que otros sientan que soy descortés? *¿Cómo puedo discrepar sin que las personas sientan que carezco de bondad o que les falto el respeto?*

La esencia de comunicar lo que es bondadoso

Una vez escuché una historia acerca de un francés creyente en Jesucristo. Él vivió bajo el régimen nazi durante la Segunda Guerra Mundial y protegía a los judíos hasta que los alemanes lo descubrieron. El francés fue llevado ante un oficial alemán conocido como torturador. Al entrar el cristiano francés ante la presencia de ese oficial nazi, la paz de Dios inundó su alma, una paz que sobrepasa todo entendimiento, tal como la Biblia revela. El oficial nazi observó su expresión tranquila y lo interpretó como sarcasmo. Todos los que se paraban ante la presencia de ese oficial manifestaban un temor total. Ese soldado de la Gestapo gritó: «¡Quita el sarcasmo de tu cara! ¿Acaso no sabes quién soy?». Hubo una pausa breve y el cristiano francés con humildad contestó: «Sí, señor. Sé quién es usted. Usted es conocido como el torturador y tiene el poder de torturarme y matarme». Luego, dando un paso hacia el oficial, con bondad dijo: «Sin embargo, señor, no tiene el poder de hacer que yo lo odie».

De una manera similar, la esencia de mi comunicación significa que la otra persona no podrá cambiar mi corazón para que no sea bondadoso, cariñoso ni irrespetuoso. Al contrario, he tomado una decisión acerca de lo que seré, independientemente de la otra persona. No culparé a ningún otro por mi falta de bondad.

Al pulsar enviar, si me siento provocado por la conducta desatinada de otra persona y reacciono como un loco, me considerarán loco juntamente con la otra persona. No podré librarme porque la otra persona comenzó. Aunque la otra persona primero venga a mí, mi reacción desatinada revela a los demás que tengo un problema grave de carácter. Mi reacción ruda e indecorosa revela que soy una persona ruda e indecorosa.

Además, podría no ser nuestra intención no ser bondadosos (nuestro corazón está en lo correcto), pero importa poco cuando otros interpretan que nuestra comunicación no es bondadosa ni respetuosa. Una persona me escribió:

Durante el proceso de búsqueda para contratar a alguien, del cual fui parte, me sentí ofendido por algo desagradable que se me dijo. En vez de poner el rostro como pedernal y dejar los insultos al pie de la cruz, ventilé mí herida ante un amigo que vivía en otro estado. Mala elección. Aprendí que el correo electrónico no es tan privado como tampoco las noticias por cable. Las opiniones que expresé por frustración fueron a su vez informadas al comité de búsqueda y sus esposas respectivas. La persona en la que confié, con la esperanza de tener a alguien con quién desahogarme, traicionó esa confianza. Es probable que nunca más me comunique con esa persona. Hasta hoy no puedo confiar en ella. Después de pedir disculpas al comité de búsqueda por la herida que causé con mis palabras, deseché esos correos electrónicos como algo de mi pasado. Fracasé en la prueba y por siempre recordaré las lecciones que me enseñó. Estoy avergonzado por haber fracasado bajo presión, pero aprendí a no suponer que las personas a distancia guardarán las confidencias. También aprendí cuán pequeño es el mundo electrónicamente. Agradezco a Dios que pudiera aprender de esa experiencia y que pueda enseñar a mis hijos de ella.

Cuando nos comunicamos de maneras que suenan poco bondadosas y sin respeto, ¿culparemos a otros y a las circunstancias de nuestros comentarios desagradables? Por ejemplo, cuando una familia de seis conduce un kilómetro más allá de McDonald, el papá revisa las bolsas y nota que faltan dos pedidos. Sin poder creerlo, gira el vehículo y regresa. Al entrar al local, se dirige al mostrador, y le dice al gerente: «No puedo creer su falta de competencia; con razón trabaja aquí. No puso las dos *cajitas felices* que pedimos. A cada cajita le falta la papa frita». Después que el gerente le haya entregado lo que reclamaba, ese papá sale refunfuñando. Admitirá por sí mismo razones plausibles por su conducta porque se siente ofendido e incómodo. Ser un hombre honorable que hable respetuosamente no cabe en su mente. Le interesa poco mostrarse amable ante el descuido de otros. Para él, la medida para comunicarse «bondadosamente» es una por la cual pierde poder e influencia; además, él nunca verá a esa gente otra vez. Su enojo y autonomía mitigan su culpa. Sin embargo, todos sabemos que él podría conseguir el mismo objetivo si al volver al local, hubiera dicho: «Mire, se cometió un error. ¿Podría ayudarme?».

Esto es lo crítico. ¿Fue la falta de cuidado lo que provocó su enojo y su falta de respeto o revela que él es una persona iracunda e irrespetuosa? Me gusta recordarme a mí mismo que el sol endurece el barro pero derrite la manteca. Con esto quiero decir que el sol no hace que el barro se endurezca y que la manteca se derrita. El sol simplemente revela la propiedad interna de cada uno. Cuando las cosas se ponen incómodas, es cuando entonces revelo mi verdadera esencia.

A decir verdad, nuestra falta de bondad proviene de nuestro interior. Jesús dijo en Marcos 7.21-22: «Porque de adentro, del corazón de los hombres, salen... calumnia...». Pero pensamos que otros nos provocan y que tenemos que arreglar cuentas con nuestra rudeza. Las otras personas no son la causa de que seamos como somos; solo revelan nuestra predisposición para expresar nuestro disgusto y desprecio.

La regla de oro de la comunicación bondadosa

¿Son las personas poco amables en el mundo actual? Algunas lo son. Un problema es la incitación. «Incitación... significa publicar comentarios inflamatorios o provocativos por la red social o foro para impulsar una respuesta emocional, incitando deliberadamente a otros usuarios o lectores para que respondan con argumentos».[2]

Sin embargo, nadie puede tolerar cuando las personas son antipáticas y malintencionadas con nosotros, ya sea por la red o en el mundo real. Sabemos que la bondad es fundamental para que las relaciones funcionen bien en la familia, el vecindario, la legislación, el lugar de trabajo o donde sea. Evitamos a las personas antipáticas, desconsideradas y ofensivas. Por ejemplo, dejamos de hacer compras en un negocio donde el dueño nos habla de una manera ruda y ofensiva.

Sin embargo, cuando nos empujan al borde de nuestras limitaciones y sentimos que nada lograremos con bondad, ¿nos portamos desagradables, insoportables e insolentes? ¿Abandonamos la bondad para conseguir lo que deseamos o para prevenir la pérdida de lo que tenemos? ¿Parecemos hostiles y despectivos? ¿Intimida nuestra apariencia? ¿Intimidamos con palabras? ¿Utilizamos expresiones abusivas? ¿Estamos comprometidos a hablar con bondad y respeto a pesar de todo porque hemos resuelto ser personas bondadosas y respetuosas?

Esto plantea una pregunta importante: ¿Tenemos la intención de hacer por otros lo que esperamos que ellos hagan por nosotros? ¿Nos comunicaremos con bondad porque esperamos que otros hagan lo mismo con nosotros?

Ryan Anderson, un intelectual que promueve los valores tradicionales en las universidades, encontró algo bastante instructivo respecto al tema de la cortesía. Luma Simm escribió acerca de Ryan, diciendo:

> [Él] ha tenido que soportar más que su cuota de vergüenza y acoso. Eberstadt escribe: «Sus presentaciones públicas ahora son como chispas para la malevolencia ideológica de una clase sin contraparte en otros lugares del espectro». Este intercambio entre Anderson y un reportero del *New York Times* me hizo llorar: «[Aunque] Anderson repetidamente llamó la atención para que se mostrara civismo y respeto por las perspectivas opuestas, el reportero respondió con: "¿Por qué no debería darte apodos?", "El civismo no siempre es una virtud", "Algunas personas merecen desconsideración", y "Obviamente algunas opiniones políticas juzgan a algunas personas no dignas de respeto". Anderson explicó: "Las personas siempre son dignas de respeto, a pesar de sus opiniones políticas equivocadas. Nada hace que las personas sean "no dignas de respeto". Anderson continuó: "Creo que incluso cuando estamos vehementemente en desacuerdo con alguien, la persona todavía tiene dignidad humana, todavía es digna de respeto"».[3]

¿Es este reportero del *New York Times* el nuevo fariseo secular que es respetable, resentido, acusador y condenador? ¿Se imagina a sí mismo como uno con derechos divino y que alguien como Ryan Anderson merece apedreamiento? Eso es impresionante.

Sin embargo, todos, incluso ese reportero, saben que ser descortés es incorrecto. ¿Cómo es eso? Cuando las funciones se invierten, el victimario convertido en víctima ruega por misericordia y justicia. El anterior alma descortés tratado con descortesía protesta el odio y el desprecio. «¡Injusto!», se oyen los gritos. ¿Por qué no puede el reportero del *New York Times* reconocer eso mientras escupe su odio y su desprecio? Él quiere que los otros respeten la regla de oro cuando se comunican con él, pero le rehúsa ese derecho a Ryan Anderson. He observado esta evasión de la regla de oro invadiendo los matrimonios y también la comunicación diaria.

Una mujer llevaba consigo a todas partes un libro delante de su esposo con un título que decía: «Cómo vivir con un hombre malo». Hacía eso porque estaba enojada con su esposo y quería que él cambiara, de manera que empleaba el trato descortés para ¡motivarlo a amarla! ¡Imagínese! Cuando él estallaba enojado, la desconcertaba porque el enojo confirmaba sus temores más profundos: «Él no me ama». Sin embargo, ¿qué sentiría ella si su esposo llevara por todas partes un libro con el título: «Cómo vivir con una esposa mala»?

Aunque el fin puede ser digno (ser amado y respetado), si cada uno de nosotros usamos medios (palabras y acciones odiosas e irrespetuosas), no lo lograremos. Debemos tratar a otros como esperamos que ellos nos traten. Negar esto nos hace arrogantes o necios, o ambas cosas.

¿Por qué comunicamos lo que no es bondadoso?

Algunos de nosotros nunca consideraremos mentir. Somos comunicadores veraces. Sin embargo, no parecemos bondadosos. Los que nos oyen o leen lo que escribimos, concluyen: «Esta persona no es cariñosa ni respetuosa». ¿Por qué sacamos esa conclusión? Tenemos nuestras razones para mostrarnos no bondadosos. ¿Ocurre algo como lo que sigue en casa?

EL AGRESOR: Cuando soy malo, tengo resultados. Cuando amedrento, consigo lo que quiero.

EL VENGADOR: Soy malo solamente cuando otros son hostiles conmigo; ojo por ojo.

EL FRANCO: No soy áspero, pero sí brutalmente sincero al decirles a otros lo que no quieren oír.

EL INSENSIBLE: No soy un compasivo que sostengo tu mano. El débil necesita ser más fuerte.

EL IMPACIENTE: No tengo tiempo para saludos, necesito ir al punto.

EL VENCEDOR: Para ganar, mentiré y deshonraré a mi rival. Mi finalidad justifica mis medios.

EL RESENTIDO: He sido deshonrado y tratado injustamente. Sí, estoy enfurecido y soy rudo.

EL CONDICIONAL: Las personas que no se ganan mi respeto no se lo merecen. Punto.

EL FRACASADO: Mostrar bondad no produce bondad. Funciona en tu contra. Debe ser mi culpa.

EL ENVIDIOSO: La vida es injusta conmigo. No tengo lo que otros tienen. Claro, soy un rencoroso.

EL INTOLERANTE: Detesto y no puedo soportar a los que tienen creencias opuestas a las mías.

EL DESCUIDADO: La verdad, estoy preocupado y sin querer hiero a otros por mi negligencia.

EL ININTENCIONADO: No fue mi intención ser insensible o frío. Solamente estaba enojado.

EL REBELDE: No tolero reglas que digan que sea bueno. De todos modos lo seré si lo deseo.

EL IMPULSIVO: Las personas necesitan dejar de ser tan sensibles y seguir adelante. Así es como ahora hablamos y enviamos textos.

EL ANTISOCIAL: Quiero que me dejen a solas, de manera que aparto a las personas. No quiero ser molestado.

EL SORDO: Pienso que otros están oyendo cosas. Yo no percibo absolutamente ninguna rudeza en mi voz.

EL SUCESOR: Las personas necesitan tranquilizarse. Así es como mi familia de origen reacciona ante el conflicto.

EL ABUSADOR: No soy abusivo y cualquier idiota que diga eso, es mejor que cuide su espalda.

EL AUTORREPROBADO: Mi reacción a la tensión es evitar el ejercicio y comer mucho. Me repruebo.

El agresor

Es difícil argumentar contra la experiencia a corto plazo del agresor. La agresión funciona. Usted consigue dinero si le dice a su compañero de juego que se lo dé o que terminará con la nariz sangrando. Extraer información confidencial de un comerciante en la bolsa de valores de Wall Street y usar eso para lograr un intercambio particular permite que uno compre un yate.

Levantamos la voz groseramente en los locales minoristas, exigiendo un reembolso y listo, funciona. Ásperamente amenazamos con el divorcio y nuestro cónyuge trabaja en mejorar el matrimonio. Le decimos ásperamente al propietario que tenemos la intención de hacer una demanda por causa de las tuberías rotas y él reemplaza las tuberías y también pinta nuestro apartamento.

Pulsamos enviar en comunicaciones nada buenas debido a que la bondad consigue menos resultados que la maldad. Sin embargo, cada agresor necesita preguntarse: *¿Puedo asegurar que he de conseguir mis deseos solamente mediante la intimidación? ¿Carezco de la confianza en mi carácter honorable para apelar a otros a que me provean lo que necesito? ¿Acaso no puedo usar mi buen corazón para motivar a otros? ¿Necesito gritarle al minorista, amenazar con divorcio y prometer acción legal contra el propietario?*

Las personas valiosas creen que su propia personalidad y apelar al buen carácter de otros son los mejores motivadores. A largo plazo, como ciudadanos de buena reputación, creemos que la cortesía es la que mejor protege y ayuda a nuestros intereses.

Cuando las personas sienten que somos almas bondadosas y respetuosas, se sienten atraídas hacia nosotros y procuran ayudarnos. Aunque eso no siempre es verdad, como lo prueba nuestro agresor, con el tiempo las personas amables, bondadosas y respetuosas influencian a otras porque estas desean ser influenciadas a su vez de esa manera. Antes que pulsemos enviar debemos preguntarnos: *¿Sonará hostil o cortés esta correspondencia, mensaje de voz o comentario?*

El vengador

La venganza es comparable a la picadura de una abeja. El aguijón es puntiagudo, en forma de gancho, que impide retirarlo. Cuando la abeja trata de sacar el aguijón, la glándula digestiva unida a él, es arrancada también y muere a causa de la ruptura. La venganza es nuestro intento por aguijonear a otra persona. Incluso si tenemos éxito en causar una herida mortal en la otra persona, el hecho termina en dos tumbas.

¿Qué sentimos cuando un colega de trabajo, en frente de varios otros, hace un comentario poco amable de lo mal que lucimos con la vestimenta que llevamos, y luego agrega: «Pero eso no es nada en comparación con la pérdida de la cuenta Houston»? Humillados, nos sentimos heridos y enojados al instante. Queremos responder y pagar con la misma moneda. Ojo por ojo. Después de todo, tenemos nuestra dignidad, de modo que la hostilidad y el desprecio envían el mensaje: «No te atrevas a tratarme como lo hiciste el otro día, o tendrás que pagar un precio».

Sin embargo, esa tendencia de «ojo por ojo y diente por diente» nos reduce al nivel de nuestro colega. Si mordemos a la serpiente, eso no cambia el carácter de ella; deja a las personas cuestionando qué clase de persona muerde a una serpiente.

Para condenar a la otra persona, necesitamos obrar en la sabiduría de las edades. «Pero si tu enemigo tiene hambre, dale de comer; y si tiene sed, dale de beber, porque haciendo esto, carbones encendidos amontonarás sobre su cabeza» (Romanos 12.20). George Eliot escribió en *El molino del Floss*: «Ver a un enemigo humillado da cierto contentamiento, pero eso es superficial comparado con la profunda satisfacción de verlo humillado por tu acción benevolente... esta es una clase de venganza que se compara en la escala de la virtud».[4]

Antes que pulse enviar, ¿puedo contestar que esto no tiene base en la venganza? Tratar de ponerse al mismo nivel, solamente promueve la venganza. Otro enfoque es mostrar un deseo de comprender las necesidades de la otra persona. Esta actitud puede que la apacigüe y promueva un entendimiento mutuo respecto al asunto, en vez de aumentar los ataques entre ambos.

El franco

Una mujer me escribió, diciendo: «La verdad es la verdad... realmente no importa cómo la comunique. La reacción a cómo la recibe la otra persona radica en su habilidad o su estado emocional mental para captarla».

Por otro lado, capté su punto. Algunos se apoyan en asuntos no resueltos de la infancia y eso repercute en nosotros. Podemos comunicar la verdad de las mejores maneras, pero la persona puede ser tan insegura que solamente reacciona y ataca como un oso herido.

Aun más, a veces comunicamos la verdad sin amor a las personas y las culpamos por no recibirla. Somos toscos y no nos damos cuenta. Afirmamos que somos brutalmente sinceros, pero lo que somos es brutos. Afirmamos que otros son los emocionalmente incapacitados cuando carecemos de amabilidad en la manera que nos comunicamos.

Aunque algunos de los que nos escuchan no son dóciles, algunos de nosotros no tenemos un comportamiento cariñoso y respetuoso cuando escribimos o hablamos. Las personas se cierran cuando nos mostramos francos y rudos, pero no vemos cómo nos comunicamos.

Cuando otros no responden a nuestra comunicación, debemos considerar primero nuestro estilo de comunicación. ¿Acaso la otra persona es incapaz de oír lo que tenemos que decir? O, ¿somos bruscos, rudos y directos?

¿Nos consideramos como una clase de fiscal honorable que defiende la verdad pero que se porta sin cortesía y es maleducado? ¿Se sienten las personas acusadas y censuradas por nosotros? ¿Sienten ellas que vamos a ponerlas en juicio? ¿Están a la defensiva porque somos ofensivos? ¿Tiene esto poco que ver con la verdad, aunque todo con nuestra falta de amor?

Dietrich Bonhoeffer escribió: «La verdad sin amor no es nada, ni siquiera es amor, porque la verdad es Dios, y Dios es amor. De manera que la verdad sin amor es una mentira; no es nada».[5]

El insensible

Conozco un líder que tenía el punto de vista de un insensible: «¡No les alimentaré como si fueran niños!». Ese comentario se convirtió en la gota que colmó el vaso, por lo que perdió media docena de sus colaboradores leales que se sentían derrotados por su postura de superioridad. Su actitud, demostrada por su evaluación, apagó el deseo de sus colaboradores de servirlo y esto fue muchos años después de seguirlo fielmente.

Tal punto de vista exagera el caso como una manera de excusar la llamada a tener empatía. Cuando creamos la apariencia de una persona con empatía, fácilmente podemos notarlo. Una caricatura extrema permite que nos excusemos de escuchar con amabilidad la necesidad de la persona frente a nosotros. Afirmamos que si debemos llorar sin control cuando otros lloran, entonces debemos rechazar la expectación de consolar a los que sufren. Después de todo, nosotros no lloramos.

Lo que eso revela es que hemos decidido ser insensibles e indiferentes. Catalogamos a la persona en necesidad como necesitada. Las caracterizamos como débiles y no a nosotros como insensibles; como patéticas y no nosotros como insensibles. Interpretamos su vulnerabilidad como una falsa víctima. Deducimos que fingen.

La verdad es que uno de los mayores elogios por lo que usted es, se manifiesta cuando alguien recurre a usted al sentirse vulnerable. La persona no viene a pedirle que se conmueva y llore sin parar. Al contrario, desea que usted pueda comprenderla. A esto se llama empatía. ¿Por qué catalogar a esa persona como pobre y débil cuando recurre a usted y a su fortaleza para que la entienda?

La mayoría de las personas que nos rodean no piden que nos responsabilicemos por ellas. Ni buscan que las sanemos sino que comprendamos sus heridas. No buscan un abrazo sino esperanza. No piden que seamos sus parientes sino que seamos amables.

El insensible a veces siente que está listo para enviar un correo electrónico que parece bondadoso, pero rehúsa hacerlo porque imagina que una comunicación con empatía significa que se ha vuelto vacilante, un débil sentimental. Y si no es así, la otra persona le considerará uno más comprensivo y que desea un mayor vínculo emocional, lo cual debe evitarse.

El impaciente

Ir directo al punto es correcto cuando nuestra relación es sólida. Sin embargo, si la otra persona no tiene relación con nosotros, es muy probable que interprete nuestra manera directa como brusca y procure comprender el tono. Tal es la naturaleza humana que la mayoría juzga la brusquedad como una impresión negativa o indiferente del comunicador.

«Pero, Emerson, ¿Acaso debo preocuparme de ser amable cuando la otra persona probó mi paciencia al causar el problema?». No debemos olvidar el antiguo refrán que dice: «Se cazan más moscas con una gota de miel que con un barril de vinagre». Las demandas amargas, descorteses no obtendrán mejor nuestro propósito que la amabilidad, no a largo plazo donde vivimos en comunidad. Por ejemplo, ¿qué opina el empleado en el departamento de contaduría de la empresa aceitera Peterson de este correo electrónico? **A quién pueda interesar: Me ha cobrado de más 175 dólares. Ha cometido un error. Aquí está mi número de cuenta. Revise bien y corríjalo.**

Este no es un correo electrónico malo; sin embargo, conjeturo que el empleado concluirá que el remitente está enojado. Cuando nos precipitamos a expresar lo que creemos es injusto, el oyente supone que estamos enfadados. Por qué no escribir lo siguiente:

> Es probable que aquí se cometió un error sin intención, pero me cobraron más de 175 dólares. ¿Hay algún sobrecargo que yo no sepa? Por favor, infórmeme acerca de lo que ha ocurrido. Si alguien pudiera revisar esto, lo apreciaría mucho. Sé que usted está muy ocupado. Si fuera más fácil para usted, regístrelo a favor de mi cuenta el próximo mes. Gracias por ayudarme.

¿Realmente pensamos que el primer enfoque consigue mejor nuestro propósito que el segundo? Todo esto hace que volvamos a la regla de oro. Si las funciones se invirtieran, apreciaríamos profundamente el segundo enfoque. Sí, eso demandaría que la persona escribiera con paciencia siete oraciones, no cuatro; pero el método «dulce» captaría nuestra atención, y esta conducta paciente nos liberaría para admitir y corregir nuestro error.

El vencedor

El entrenador de béisbol Leo Durocher fue el primero en decir: «Los buenos tipos acaban de últimos».[6] Ganar demanda firmeza. Sin embargo, algunos agregan rudeza. Algunos aprueban la idea de que para ganar no debe haber piedad ni compasión. Puede que uno necesite ser cruel, malo y denigrante, atrevido e insolente. Lo que sea que requiera, ellos se proponen ganar. Para ellos, el asunto es ganar a toda costa.

Sin embargo, los tipos buenos sí ganan. Solo pregúntele a Peyton y Eli, jugadores defensivos en la Liga Nacional de Fútbol. Aunque Peyton está jubilado, los hermanos Manning han ganado mucho. Si somos decentes, amigables y afables, todavía podemos ganar. Podemos vencer bastante por nuestro juego superior.

Lo interesante es que cuando las personas no pueden ganar acorde con los méritos de su desempeño, productos o posición, sienten la tentación de sobrepasarse y hablar muy mal del oponente, quizás hasta mentir. El ex candidato presidencial, doctor Ben Carson, dijo: «La gente inteligente tiende a hablar de los hechos. No recurren a usar apodos contra otros. Eso se puede ver en un campo de juego de tercer grado».[7] Aunque muchos desean estar de acuerdo con Ben, ven que los ganadores son los que emplean los apodos contra otros. Hablar mal de otros tiene resultados. Por lo tanto, se trata del tipo de persona que voy a ser.

Todos debemos preguntarnos individualmente: *¿Comprometeré mi carácter y la verdad a fin de ganar? ¿Ganaré sin que importe el precio?* Para los que sabemos lo que es correcto y bueno, *¿viviré conforme a la luz que poseo? ¿Permaneceré fiel a lo que soy o me portaré cual villano como Darth Vader?* Eso no significa que cada decisión sea fácil de tomar. Hay muchas áreas oscuras. Sin embargo, consciente y voluntariamente no seremos desleales llamando malas a las personas y hacer el mal a fin de que seamos los primeros en llegar. No deshonraremos al oponente de manera engañosa. Esa no es una victoria, es un vicio.

El resentido

Después de haber escuchado las historias de las personas en mi oficina de consejería, me he sorprendido por el mal, sí por el mal, al que algunas fueron sometidas. La vida no es justa. Me refiero, por ejemplo, al abuso ritual satánico. Conocí a un caballero, torturado algunos años por un régimen comunista, que soportó ganchos de hierro que le atravesaban la espalda mientras colgaba del techo. Varias mujeres me informaron del abuso sexual que sufrieron en su edad inocente y preciosa.

Lo que me sorprende de esa gente, en particular, es que no se volvieron amargadas sino mejores personas. Sin rencores. Las preguntas sin respuestas y las injusticias de la vida no hicieron que se volvieran resentidas ni malas.

Lo que encuentro peculiar es cuando otros en situaciones menos problemáticas se vuelven resentidos con cualquiera y con todos. Culpan a Dios y a los demás. Alegan que Dios no les permitió nacer en una familia rica y hermosa. O que tuvieron que dejar de ir a la universidad por dos años para trabajar, puesto que sus padres no podían financiar su educación.

En todas esas circunstancias, nada malo pasó. Más bien, por no poder conseguir lo que querían, se volvieron amargados. Se volvieron cínicos juzgando que todos procuraban maltratarlos, a menos que probaran lo contrario. A menudo, son ellos los que maltratan a otros antes que alguien tenga la oportunidad de maltratarlos. Los correos electrónicos manifiestan una actitud iracunda. Los textos tienen un tono negativo, brusco. Las llamadas por teléfono son desagradables. Todo eso es para protegerse a sí mismos pero solamente hacen que las personas les cataloguen como resentidas y rudas.

¿Podría esto describirle a usted? ¿Se ha convertido en un lanzallamas verbal? ¿Está enojado por las injusticias pasadas, algunas de las cuales han sido malas, pero se ha amargado y ahora se descarga con las personas que nunca le han hecho mal? ¿Satura usted su carencia de amabilidad en su comunicación con las personas que le rodean porque ha sido pisoteado o porque le maltrataron años atrás? A veces el más sensible se vuelve insensible y comete contra otras personas lo que otros le han hecho, lo cual es una ironía increíble. Aquellos que han sido deshonrados previamente en la vida se vuelven hoscos y malos para prevenir ser heridos otra vez. Sin embargo, deshonrar a otros no conduce a la honra.

El condicional

Cuando juzgamos que otra persona no merece nuestro respeto, ¿acaso nos permite eso mostrarle irrespeto en nuestros textos, correos electrónicos, tuits y por Facebook? Una persona me escribió una vez, diciendo:

> El respeto no es algo que aprendí en mi infancia. Mis padres mantuvieron en su matrimonio una relación verbal bastante destructiva, de manera que aprendí cómo ser desagradable con mis palabras y mi voz. Aprendí que el respeto se gana. Uno debe trabajar duro para merecerlo. Ni que decir, en mi opinión, otros nunca se esforzaron lo suficiente para merecer una pizca de respeto de mi parte.

Cuando asumimos la actitud de que estamos completamente justificados al mostrarnos irrespetuosos con otros porque han fracasado según nuestra pauta, ¿qué nos hace pensar que nos responderán a largo plazo? Puedo ganar esta vuelta con ellos recurriendo a la manipulación y faltándoles el respeto, pero ¿qué será de mañana, la próxima semana y el próximo mes? La falta de respeto no influencia los corazones.

En el mundo actual, necesitamos tener en cuenta dos grupos con quienes nos comunicamos. El que consiste de las personas que conforman nuestra vida. Y el que consiste de personas de «de afuera», como las de Internet. Algunos bajamos la guardia con las personas de «afuera». Sin embargo, en la medida que mostramos desagrado por los políticos, los comerciantes, los autores, las celebridades y la clase religiosa, no solo probamos ser ineficaces, sino que también exhibimos esa actitud en nuestras relaciones con las personas en nuestro mundo particular. No debemos pensar que podemos tratar a los de «afuera» con desprecio sin que nos afecte en nuestras relaciones diarias. La verdad es, somos lo que somos. Esa conducta ofensiva inevitablemente saldrá a la luz en el trabajo, en nuestro noviazgo, en nuestras familias y entre los vecinos.

No se trata de que otros merezcan respeto, sino de comunicar nuestro mensaje con respeto aun cuando la otra persona no lo merezca. Esto es respeto incondicional, que parece una contradicción de términos pero que simplemente significa ser una persona respetuosa a pesar de las acciones de la contraparte. ¿Significa eso que damos permiso para que otros hagan lo que exigen con egoísmo? No. Respeto incondicional significa que confrontamos respetuosamente sus malos hechos. No somos rudos porque ellos lo sean. El fracaso del carácter de ellos no determina lo que seremos nosotros.

El fracasado

Cuando otros no responden a nuestra bondad, algunos sentimos duda y desaprobación. «Debo ser yo. Debe haber algo inherentemente mal conmigo. Trataré de no ser tan amable».

El famoso Charlie Brown [también conocido como Carlitos] nos dijo particularmente bien en *Peanuts*: «Nada quita el sabor de la mantequilla de maní como el amor no correspondido».[8] Cualquier momento que nos portemos genuinamente amables, cariñosos, respetuosos y se nos ignore, sentimos como si nos patearan en el estómago. Unos nos culpamos a nosotros mismos. Hicimos algo malo, otra vez. Sin embargo, tenemos que ser adultos maduros que practiquen el discernimiento. Si todo lo que hicimos realmente fue bondadoso y respetuoso, no podemos concluir que algo está mal con nosotros simplemente porque no correspondan a nuestro amor.

Usted cuida de su padre, pero él no aprecia sus esfuerzos y reacciona de manera negativa. ¿Acaso eso significa que usted es un hijo malo? O, ¿es este un problema que tiene su papá? Mi esposa Sarah y yo, a menudo hemos hecho una pausa y considerado inmediatamente después de ser maltratados por un miembro de la familia, lo siguiente: «¿Es este nuestro problema o es problema de ellos?». Tenemos que ser francos. A veces el problema es de la otra persona, de manera que no debemos despreciarnos a nosotros mismos porque la persona dé la impresión de que somos los problemáticos. Digo esto porque algunas personas bondadosas se atribuyen una culpa impropia.

¿Por qué renunciar al trabajo debido a que dos colegas le pagaron todo el tiempo extra que hizo por ellos con una declaración falsa en su informe de que fueron ellos lo que hicieron todo? De todos modos, usted no buscaba reconocimiento. ¿Por qué permitir que las acciones deshonestas de ellos hagan que se castigue a sí mismo renunciando a su empleo en una empresa donde hay otras cincuenta personas que le estiman en gran manera? ¿Por qué dejar que las mentiras de dos personas invaliden los sentimientos de la gran mayoría? Mantenga su curso. Cuando su bondad no es recompensada, no sea descortés ni se sienta fracasado. Hay personas cuya conducta irregular es problema de ellas, no de usted.

El envidioso

El envidioso desea lo que otro tiene y es infeliz por lo que tenemos. Usted le dice a su esposo: «Me gustaría que ganaras más dinero, de manera que podamos tener una casa como la de los Anderson». O, descubre que su colega acaba de recibir un aumento de salario y de los bonos, y tiene que aguantarse para no decirle a su jefe lo que piensa al respecto.

Tal envidia es selectiva en cuanto a lo que ve cuando otra persona posee más. Si todas las oficinas estuvieran sin ventanas, no envidiaríamos a otros empleados. Pero apenas entra un rayo de sol y ya sentimos envidia. Algo nos sobrecoge. Además, envidiamos las recompensas de los demás, no sus riesgos; el placer, no el dolor; sus éxitos, no sus sacrificios. Somos selectivos.

Escuché que una persona confrontaba a un alma envidiosa, diciendo: «Quieres lo que ahora ellos tienen, pero no querías pasar por lo que ellos pasaron para conseguir lo que ahora tienen». Claro, su vecino, el médico, podría tener un Mercedes Benz nuevo, pero no olvide sus doce años de vida casi en la pobreza mientras cursaba en la escuela de medicina y practicaba su residencia, o sus cuatro horas para dormir cada día por una década.

Otro pensamiento. ¿Por qué envidiar a otros cuando nuestra condición es resultado de nuestras buenas decisiones? A menudo estamos donde estamos porque lo hemos escogido. No somos víctimas. Por ejemplo, nos casamos con el que ahora estamos por amor, no por dinero. Pudimos ir tras uno con abundante riqueza, pero eso no era lo que queríamos entonces, y en realidad tampoco lo queremos ahora. Debemos recordarnos a nosotros mismos nuestras elecciones. Para vencer la envidia, debemos recapacitar por qué estamos donde estamos.

Además, debemos reconocer que las personas tienen sus luchas. Irónicamente, la mujer que reside en la casa de lujo envidia el amor del marido de su amiga y sus cuatro hijos. Un proverbio danés dice: «Si la envidia fuera una fiebre, todo el mundo estaría enfermo».[9]

«Pero, Emerson, ¿qué ocurre si otro consigue lo que no se merece y yo no consigo lo que sí me merezco?». Por ejemplo, merecemos una promoción y un aumento de salario, pero debido al prejuicio contra nosotros, perdemos lo que legalmente es nuestro. O, ¿qué sucede si la esposa del vecino tiene el amor de su esposo y un montón de dinero en el banco, y nosotros no lo tenemos debido a que lo malversamos y mi esposo ha dejado de amarnos? Martin Luther King comprendió esa injusticia: «Sueño con que mis cuatro pequeños hijos un día vivan en una nación donde no serán juzgados por el color de su piel sino por el tenor de su carácter».[10] ¿Qué sugirió el Dr. King que hagamos? «Las tinieblas no pueden disipar las tinieblas; solamente la luz puede hacer eso. El odio no puede eliminar al odio; solamente el amor puede hacerlo».[11] Cuando la vida es injusta, la persona de buen carácter sigue adelante conforme al modelo que dio el Dr. King.

Permitir que la envidia cree comunicaciones desagradables y quejas no conducirá a un rescate de aquellos que leen lo que escribimos u oyen lo que hablamos. Al contrario, borrarán nuestros correos electrónicos y cruzarán al otro lado de la calle cuando nos vean venir.

El intolerante

Somos libres para rechazar las creencias que consideramos falsas. Sin embargo, las personas corteses no tienen el derecho ni el deseo de odiar a los que se asocian a sistemas de creencias que ellas consideran detestables. La cortesía no significa que censuremos sus «declaraciones verdaderas». Sin embargo, para rescatarles de su falsa persuasión, debemos mostrarles amor y respeto. Si no lo hacemos, no ganaremos su corazón. Más bien, les disuadimos de lo que creemos. Cuando despreciamos a las personas, no oirán con el corazón las declaraciones de verdad de nuestra fe. ¿Por qué desearan oír algo de alguien que los desea muertos?

Cuando publicamos un tuit con comentarios viles acerca de aquellos que difieren y deseamos silenciarlos, legalmente o a través de la violencia, nos suscribimos a la filosofía que dice: «Cuando creo que estás equivocado, pierdes todos tus derechos». Eso, por supuesto, solamente muestra la debilidad de nuestra posición. He dicho a lo largo de los años: «Permita que toda religión o filosofía sea predicada juntamente conmigo así como yo predico a Jesucristo. No temo la posición de ellos. Tengo confianza en el mensaje de Jesucristo. Sin embargo, cuando otros me silencian en favor de sus posiciones, entonces sé que carecen de confianza en su propia fe o filosofía como una apelación independiente».

Las personas amables y respetuosas evidencian contentamiento y confianza en lo que creen. Aquellos que silencian o matan a otras, muestran cuánto temor sienten de estar equivocados en sus reclamos de la supuesta verdad. Son intolerantes porque temen oír algo que podría socavar la perspectiva de su fe. Eso no significa que dejemos que otros controlen nuestras comunidades de fe individual, solamente que en la arena pública no mostremos odio, desprecio ni violencia. La verdad tiene su propio peso y debemos sentirnos confiados al respecto. Cuando cedemos ante «lo que podría ser correcto», hay algo sustancialmente erróneo en lo que creemos y lo que sabemos.

Todos debemos adherirnos a la idea que argumentaremos contra las opiniones de otros mientras defendemos sus derechos de sostener esas opiniones. Nuestros Padres fundadores apoyaron la creencia de que nuestra propia libertad no es segura sino hasta que la libertad del otro lo esté.

El descuidado

El esposo olvida su aniversario de casamiento, mientras su esposa espera que llegue a la casa. El adolescente olvida llamar a la casa, dejando a los padres preocupados por un periodo breve de tiempo. El administrador olvida cancelar la reunión y varias personas se presentan.

La preocupación nos hace descuidar varias cosas muy prácticas.

Muy pocos de los preocupados quieren ser poco amorosos o irrespetuosos. Podemos quedar absortos en otros asuntos importantes. El esposo que olvida su aniversario de bodas puede estar concentrado en resolver un problema de seguro de un cliente, lo que hace con un interés compasivo de ayudar. El administrador puede estar trabajando en conseguir un seguro de salud completo para sus empleados y concentrarse tanto en eso que olvida que le están esperando para reunirse con él. El adolescente está fuera divirtiéndose, eso es todo. En la misma medida en que una cosa absorbe nuestra atención, nos distrae en cuanto a otra. Todos hemos experimentado eso.

Lo antipático no es lo que decimos sino lo que omitimos decir. El enemigo de lo bueno no siempre es lo malo, sino nuestro fracaso en hacer lo que sea mejor. Cuando otros tienen necesidad de nuestra amable comunicación y somos negligentes con ellos, les herimos. Un pecado de comisión a veces puede ser menos doloroso que uno de omisión. Un hijo que le grita al padre: «Te odio», es menos doloroso que el padre nunca le diga al hijo: «Te amo».

Un hombre me dijo una vez: «Mi esposa se quejó de nuestro matrimonio. Sin embargo, estoy en casa cada noche. No salgo a tomar por ahí ni tampoco veo a otras mujeres». Su argumento me recuerda al marido que declara: «No le pego a mi esposa». Eso es estupendo, ¿pero la ama y siente ella ese amor? Golpear a una esposa es un pecado de comisión. Fracasar en cuanto a amarla de manera significativa es el pecado de omisión.

Algunos somos muy malos comunicadores y eso nada tiene que ver con lo que decimos. Pero tiene todo que ver con lo que omitimos decir.

El inintencionado

La mayoría de nosotros no tiene la intención de herir a los demás. Sin embargo, el que digamos palabras desagradables sin proponérnoslo, no significa que otras personas deben permitir que los embates verbales le afecten. Cuando derramamos agua caliente sobre alguien por accidente, el agua siempre quema a esa persona.

Herida en su matrimonio y amenazada por un esposo que exige tiempo y espacio a solas, una esposa publica en su página de Facebook: **Ore por mí. Mi esposo incrédulo me está abandonando. Creo que hay otra mujer.** El esposo lee sorprendido el comentario de su esposa en Facebook. «No dije que te estaba dejando y no hay otra mujer. Solamente me siento denigrado en este hogar y me has desanimado con comentarios como este que has publicado ante el mundo». Rápidamente para disculparse, ella dice: «Me equivoqué. Por favor, perdóname. Solamente estaba enojada y no pude pensar claramente».

Cuando nos pasan por alto por segunda vez para una promoción, le reprochamos a la empresa —en la sala de reuniones— por las políticas que anteponen ciertos grupos étnicos sobre otros. Llamados por la administración, procuramos retractarnos de nuestros fieros comentarios. Nos excusamos, diciendo: «Es que estaba enojado. No fue mi intención herir a nadie».

Las palabras crueles hieren. Sean accidentales o intencionales, los efectos son casi lo mismo.

Sin embargo, aquí está el verdadero desafío. ¿Decimos con frecuencia: «No fue mi intención decirlo de esa manera. No fue mi intención ser insensible y frío, solamente es que se juzgó de esa manera»? Cuando una persona derrama agua caliente repetidamente y dice que fue accidental, los que la rodean ya no creen en la inocencia de tal afirmación.

Cuando regularmente pedimos disculpas por hablar de modo no amable, necesitamos hacer una pausa y considerar si la culpa es de la otra persona que no nos entiende o si necesitamos explicarnos mejor. No tener la intención de ser brutos no significa que no lo seamos, si es que entiende lo que digo.

El rebelde

Algunos decimos: «Es mi vida. Yo hago las reglas. No te metas en mis asuntos». En cierto nivel tal independencia es encomiable y noble. Nadie quiere ser codependiente. Sin embargo, ¿qué ocurre cuando le decimos a otro: «Si quiero comunicarme de manera desagradable contigo, lo haré; eso no es asunto tuyo?». Muy pronto se convierte en asunto mío. Usted no es el único rebelde en el mundo, y cuando me habla rudamente, se ha sobrepasado; usted viola una regla básica. El entrenador de fútbol de Iowa, Hayden Fry, dijo: «En el fútbol, como en la vida, usted debe aprender a jugar según las reglas del juego».[12]

Ser desagradable no es parte de las reglas del juego.

Cuando una mujer se rebela contra la idea de mostrar respeto hacia su esposo al tratar temas que para ella son desagradables, inevitablemente se mostrará despectiva con él. En ese momento su esposo se cierra emocionalmente y se aparta. Él no tendrá un vínculo de corazón a corazón con ella. En efecto, en esa circunstancia ningún esposo tendría sentimientos de amor y afecto hacia una esposa que él cree que le desprecia como ser humano.

Sin embargo, hay mujeres insumisas que se escandalizan ante la idea de respetar a sus esposos (Efesios 5.33; 1 Pedro 3.1-2), rebelándose como marineros listos a tirar por la borda al capitán del barco. En vez de aceptar esta regla del juego, que un hombre se conmueva y se acerque a su esposa para conectarse con ella como si fuera su mejor amiga cuando siente que ella cree en él y le respeta como una persona creada a la imagen de Dios, ella entra en un estado de rebelión. «No siento respeto y no seré una hipócrita en mostrártelo cuando no lo siento. El respeto se gana, no se da». Por supuesto, su única alternativa es el desprecio y ningún ser humano responde bien ante ello, de manera que su actitud no consigue lo que trata de lograr de él. En vez de considerar el respeto como una manera de satisfacer la necesidad de su esposo —aparte de su desempeño—, como ella tiene la necesidad de ser tratada con respeto —aparte de sus fallas como esposa—, arquea la espalda en temerosa rebelión como si fuera a perder su identidad y su poder como mujer si confronta a su marido respetuosamente. Ella se rebela contra esas reglas convenidas porque siente que le imponen ser tratada como una alfombra sobre la que todos pisan, no una alfombra de bienvenida. «Lo que sea», se queja, «seré como una alfombra que todos pisen».

Quizás es la palabra *regla* la que enciende su ira. ¿Qué si hubiéramos citado a Franklin D. Roosevelt, que dijo: «Las reglas no son necesariamente sagradas; los principios lo son»?[13]

Cuando consideremos sagrado el compromiso de ser amable, bondadoso y respetuoso, actuaremos basados en un principio sagrado. ¿Acaso no es sensato hablar la verdad necesaria amablemente y claramente a otros? Esto tiene que ver con ser una persona de principios. ¿Cómo puede eso ser una idea opresiva y totalitaria? El rebelde necesita ser sincero consigo mismo. Esto se refiere menos a ser controlado por otros y alude más al descontrol propio.

El impulsivo

Emily Post dice: «Los modales son una noción sensible de los sentimientos de otros. Si usted tiene esa noción, tiene buenos modales, no importa cuál sea el tenedor que use».[14]

Algunos juzgan ridículo tratar siempre de comunicarse con una gran noción y sensibilidad de los sentimientos de otros. A cierto nivel es comprensible. Otros se activan emocionalmente por mínimas ofensas. Sin embargo, no pocos comunicadores hoy encuentran públicamente popular hablar en forma abusiva de aquellos que consideran equivocados en cualquier medida. Lo que va a pasar es que, en vez de considerar sus mediocres modales verbales como un espejo del tipo de personas que son, piensan que son mejores que esa otra persona, que como ser humano inferior, merece sus comentarios ásperos.

«Pero, Emerson, hay un refrán que dice: "Cortés pero muy astuto"». Estoy de acuerdo. Hay una cortesía melosa que cubre las verdaderas intenciones. No estamos recomendando modales falsos y superficiales sino auténticos y sinceros.

Sugerimos dejar de hablar y enviar textos ásperos, y siempre comunicar de maneras que suenen bondadosas y respetuosas. Al final, esta es la forma más efectiva de persuadir y conmover los corazones.

Apelo a usted para que sea el tipo de persona a la que acudiría si tuviera una situación difícil. El tipo de persona que siempre lanza groserías como tema, verbo y objeto, no solamente expone su vocabulario limitado sino que también aparenta estar enojada. ¿Acaso las personas en crisis acuden a este tipo de personas? ¿Acude usted? El vocabulario revela el corazón, según lo dicho por Jesús (Mateo 12.34).

Mucho de este tipo de lenguaje indecente es popular hoy, pero tiene corta vida. Evite ser impulsivo en el uso de lenguaje áspero al enviar un texto o publicar un tuit. A modo de analogía, imagino personas con tatuajes por toda su piel envejecida, sentadas en sus sillas de ruedas a los noventa y dos años de edad. Lo que parece normal ahora aparentará bastante anormalidad después. Tengo un amigo que se puso un tatuaje durante la Segunda Guerra Mundial, algo muy popular en ese tiempo. Al llegar a la mediana edad, se lo quitó. Algunas cosas evidencian estar fuera de lugar.

El lenguaje desagradable, rudo y grosero puede que sea novedoso por una temporada, pero no para toda una vida. Lo que temporalmente es popular decir pronto será nada más que un desaguadero. Cuando tenemos hijos que siguen nuestro ejemplo con malas palabras, debemos cambiar nuestras opciones verbales. Las palabras son importantes y nosotros lo sabemos.

Los modales antiguos pueden ser viejos, pero todavía están a la moda.

El antisocial

Un colega de trabajo nos invita a una reunión en su casa. ¿Ignoramos su invitación en vez de rechazarla amablemente? Cuando socialmente estamos cansados de otra persona, ¿le borramos de la lista de amigos de nuestra red social en vez de dejarlo solamente? ¿Les bloqueamos a nuestros padres nuestro correo electrónico como una manera de expresarles nuestra molestia, cuando la verdad es que evidentemente no queremos conversar como adultos maduros respecto a los preparativos del Día de Acción de Gracias y Navidad en la casa de la abuela?

¿Acaso no es algo horrible querer pasar siempre el tiempo socialmente con otros? Los que somos introvertidos necesitamos apartarnos del gentío. Nos sentimos sofocados y faltos de energía. Audrey Hepburn dijo: «Tengo que estar a solas a menudo. Sería muy feliz si pasara sola en mi apartamento desde el sábado por la noche hasta el lunes por la mañana. Así es como recargo mis energías».[15] Reabastecerse de energía para volver a participar con las personas es muy comprensible y aceptable.

Sin embargo, pasar tiempo a solas difiere de no ser amable con las personas, apartándolas. En cierta manera extraña, algunos recurren a la rudeza como un método para asegurarse su soledad y evitar la exigencia social de ser amigables.

Ser franco con su temperamento tímido no requiere que odie o desprecie a otros para asegurarse un espacio libre. ¿Por qué desanimar a otros que son más sociables apartándolos a fin de reabastecer nuestra energía? Podemos lograr una situación que sea beneficiosa para ambos, no una en la que uno gane y el otro pierda. ¿Qué derecho tenemos de servirnos a nosotros mismos privando a otros de sus derechos de recibir algo de nosotros?

Por ejemplo, vemos a un vecino en un restaurante el sábado por la mañana, de manera que intentamos sentarnos en un lado donde no nos vea. Eso puede ser apropiado, pero necesitamos prepararnos para ser un poco más sociables en el contexto público. Entrar a un lugar público aumenta las probabilidades de ver a algún conocido o que nos vean, y requiere mucha energía tratar siempre de escondernos. Cuando vea a un conocido, debe estar preparado para saludarle y preguntarle cómo le va mientras sigue parado y luego vaya a sentarse a su mesa. Si la persona conocida le pide que comparta su mesa, no se sienta obligado, rehúse amablemente. Solo diga: «Gracias por la invitación, pero voy a sentarme en un lugar quieto y ordenar mis pensamientos (o leer el periódico, un libro, borrar los mensajes de texto o mi correo electrónico, o lo que sea) en este momento. Muchas gracias; es usted muy amable». La mayoría de las personas respetan nuestras razones puesto que ellas mismas han estado en una situación similar. Aunque rehusemos la invitación, a la vez somos amables y sinceros. No hay necesidad de decir: «No. No puedo sentarme contigo. Tengo otras cosas que hacer». El mensaje es el mismo, pero se enfoca en uno mismo e ignora a la otra persona más que honrarla. Con ese tipo de respuesta, se deja al vecino con la impresión como si él estuviera fuera de lugar por preguntar. Por desdicha, a veces esa es la intención del antisocial. «Sinceramente, quiero cerrar de forma definitiva la posibilidad de que me inviten para que me dejen solo».

El sordo

¿Le pregunta la gente: «Estás enojado por algo»? Un familiar le dice: «¿A qué aludías en ese correo electrónico? ¿Me amas?». Un colega le dice: «Por el mensaje de voz, percibo que estás molesta. ¿Lo estás?».

Estas preguntas podrían dar una idea de que estamos sordos a nuestro propio tono, aunque no tengamos la intención de ser bruscos. Si constantemente les respondemos a otros: «No fue mi intención decirlo de la manera que te sonó», entonces tenemos un problema en lo que decimos y lo que escribimos.

Cuando se trata de interacciones cara a cara, una gran pregunta que debemos plantearnos es esta: *¿Atraeríamos a una persona ciega?* Los ciegos oyen el tono de nuestra voz, las palabras que usamos y el toque gentil de nuestras manos. Ellos no tienen idea de nuestra apariencia. Una actriz de películas muy atractiva puede que se libre siendo desagradable e irrespetuosa con otras, pero no le caerá bien al ciego. ¿Qué es una cara bonita para un ciego?

¿Nos oímos a nosotros mismos? Una persona me dijo: «Varios comentaron que yo luzco como que me quejo y crítico mucho. Decían que tengo un tono poco respetuoso. Pero no fue mi intención que sonara así. No lo entiendo. ¿Por qué malinterpretan mi intención cuando en realidad me importa?».

Algunos somos de buen corazón, individuos cariñosos, pero por varias razones, estamos sordos a nuestro tono desagradable. Puede que se deba a nuestras voces profundas y la manera de comunicarnos que otros nos perciben enojados. Puede que por causa de nuestro tono agudo y los gritos otros se sientan atacados y a la defensiva, o por nuestra manera seria de escribir, otros nos perciban sin compasión ni empatía. Hay una discrepancia entre lo que queremos ser y lo que consideramos que somos y cómo en realidad suena nuestra voz y nuestra manera de escribir. Pero con introspección y franqueza, podemos cambiar y mejorar nuestra comunicación. Solo necesitamos evaluar lo que vamos a comunicar. *¿Será oído y leído esto como bondadoso y respetuoso o la otra persona percibirá incorrectamente que estoy molesto?*

Las palabras que decimos son la mitad de la comunicación. La otra mitad es lo que los otros oyen. ¿Oiremos lo que ellos oyen? O, ¿muy obstinadamente afirmaremos: «Ellos están oyendo cosas»?

El sucesor

No pocas familias tratan sus asuntos gritando y vociferando uno al otro, luego se sienten bien por un tiempo hasta el siguiente altercado. O algunos se obstinan, enojados hasta que se liberan del asunto, pero evitan alguna vez hablar acerca del conflicto.

Ya sea que hablemos de arrebatos de ira o de silencio total, esa no es la manera amable, bondadosa, ni respetuosa de resolver conflictos serios. Lamentablemente, como adultos, esa manera de tratar con los problemas y las tensiones en nuestra familia de origen afectan nuestra forma de vivir cotidiana en la escuela, el trabajo, en el grupo de jóvenes, en la iglesia o donde sea.

Por desdicha, nos excusamos. «Lo siento, soy así. Así es como mi familia lidia con el conflicto. Necesita calmarse. No estoy enojado, pronto olvidaré el asunto. No lo tome tan personalmente aunque, por el momento, estoy expresando mi enojo contra usted. Deme algo de tiempo y se me pasará. Estaré bien».

Soy uno que podría haber usado esa excusa. Vi el intento de mi padre por estrangular a mi madre. Años después, hubo momentos en que podía sentir cómo surgía la ira en mí, el mismo enojo que vi en mi padre. Sin embargo, había resuelto no ser como él. Conscientemente dije: «No seré como mi padre».

Un hombre me escribió: «Yo no era bueno para responder a alguien cuando se enojaba». Mi madre recurría a la ira y al enojo para controlarme en mis años de crecimiento. Por tanto, yo interpretaba cualquier voz elevada y fuerte como ira expresada contra mí, especialmente si era femenina. Alguien está enojado, molesto o decepcionado de mí, respondo cerrándome o desquitándome con ira».

No minimizo la predisposición que tenemos de nuestra familia de origen. Eso es inevitable en cierto nivel. Sin embargo, las predisposiciones nunca deben interpretarse como predestinadas. No estamos destinados a ser iracundos o a encerrarnos porque así ocurrió con nuestros padres y no tenemos que tratar a otros de la misma manera que nuestros padres nos trataron. No debemos creer esa mentira. Somos libres para tomar un rumbo nuevo y debemos hacerlo.

Además, decirles a los demás que se calmen les hace culpable para que cambien. No, nosotros necesitamos cambiar. Nuestra reacción equivocada proveniente de nuestra niñez es un defecto de infancia. Las reacciones de nuestra familia de origen no sirven como explicación sino como excusa. Cuanto antes comprendamos esta conducta errónea, prontamente seremos comunicadores eficaces. Las personas no admiten la excusa del sucesor. Solo nos juzgan como desubicados y que les abandonamos.

El abusivo

El abusivo verbal y emocional a menudo es ciego a su maltrato, sobre todo porque el abuso del que es culpable no es físico. Uno golpea no con el puño sino con las palabras que dejan heridas y cicatrices emocionales profundas. Sin embargo, el abuso verbal muestra también cuán vacío y poco convincente se siente la persona acerca del valor del asunto. Uno no cree que las palabras bondadosas y respetuosas transmitirán el mensaje. Uno tiene que volverse tóxico para desacreditar y difamar. Se vuelve cruel y fiero.

A menudo el abusador se siente inseguro, inoportuno o rechazado. El abuso verbal le apuntala. Sin embargo, el abusivo ha perdido contacto con el problema principal de raíz, que a menudo es el sentimiento se sentirse no amado ni respetado.

El empacador del supermercado, deja caer —por accidente— una de nuestras bolsas que contiene cuatro botellas de vino, que ordenáramos especialmente con tres semanas de antelación. Cuatro botellas hechas añicos sobre el mostrador. Airados, maldecimos al joven. Después vamos al sitio web *Yelp* y escribimos una denuncia:

El servicio en el supermercado Pine Hills siempre es horrible. No tengo idea de quién supervisa a los empleados, pero este gerente tiene incapacidad laboral. Todos los empacadores dejan caer las bolsas, todos los cajeros devuelven el cambio incorrecto en favor de la tienda y todos los estantes están forrados de anuncios que indican la falta de productos. Ese gerente debe cerrar su tienda.

Obsesionados por cada error, generalizamos «todos» y «siempre». De ahí concluimos que no les importamos a los empleados. De manera que escupimos veneno. Nuestra áspera retórica nivela el puntaje y asegura el cambio.

Mi conjetura es que en el fondo usted no se siente amado ni respetado, es probable que—equivocadamente—, hable palabras abusivas y despectivas. ¿Puede ver esto en sí mismo? George MacDonald escribió: «La bestia no sabe lo que es; por eso, el hombre, cuánto más se vuelva bestia, menos lo sabe».[16]

El autorreprobado

Una mujer que lucha con el sobrepeso, escribió:

> Estaba deprimida. Me odiaba a mí misma por mi apariencia y por permitirme engordar así... la autorreprobación y el temor a la intimidad estaban hastiándome... Sin embargo, eso no me inspiró para comer menos bocadillos y comenzar a correr. No, simplemente comía más bocadillos mientras sentía lástima por mí misma.

Todo eso debilitó sus relaciones con las demás personas. Odiarse a sí misma impidió que amara y honrara a los demás. Estaba totalmente centrada en sí misma. Nuestro corazón siente piedad por ella en sus luchas.

Sin embargo, para algunos, es más que una mala actitud hacia otros porque se sienten con sobrepeso. Para otros el odio por sí mismos, se convierte en un aborrecimiento externo. Por eso reaccionan con dureza y hostilidad hacia otros, porque se odian a sí mismos. Obviamente, eso afecta en forma negativa la relación. La otra persona no tiene idea de lo que sucede y se aparta. Por cierto, eso crea enemigos. «Me odias; entonces yo te odiaré». Es un ciclo que va del uno al otro, y peor cuando ambos luchan contra su propia aprobación. Además, se agrega al asunto los individuos que sufren de horrendas culpas por causa de sus transgresiones pasadas. Por sentirse sin esperanza, consideran: ¿Por qué no escupir veneno a otras? «De todos modos nadie me respetaría si supieran quién soy en realidad y lo que he hecho».

Uno se pregunta, si los muchos que hablan desatinos por los medios sociales en realidad se aborrecen a sí mismos. Sí, están enojados con algunas cuestiones, pero el problema es más profundo. Por no tener respeto por sí mismos, tampoco respetan a otros. Por no tener amor propio, no se comunican con amor. Hieren a otros con sus palabras indecentes porque ellos mismos están sufriendo.

Este es el punto: Cuando las circunstancias de nuestra vida, cualesquiera que sean, causen odio y falta de respeto por nosotros mismos, reaccionaremos hacia otros en formas despreciativas. Qué triste es que digamos que otros nos provocan disgusto cuando, en realidad, nosotros somos los culpables. Nos sentimos tensos, poco saludables y gordos o peor. No podemos tolerarnos a nosotros mismos, pero procedemos de manera intolerante con los demás.

¿Por qué debemos comunicar lo que es bondadoso?

Debemos comprender todas las razones por las que nos comunicamos sin bondad y revertirlas. Las personas responden positivamente a los que se niegan a ser desconsiderados, impacientes, resentidos, envidiosos, intolerantes, insensibles y antisociales o burlones, vengadores, autonombrados fiscales, rebeldes y abusivos. Aun así, hay tres buenas razones por las cuales debemos comunicarnos de forma bondadosa. Se trata de saber quién soy, quién es la otra persona y quién es Dios.

Al comunicarme de manera bondadosa demuestro quién soy. Como hemos citado con frecuencia, Jesús dijo que de la abundancia del corazón habla la boca. Hablar con bondad nos muestra como personas amables. Probablemente otras personas no merezcan una palabra amable, pero tampoco pueden obligarnos a ser como ellas. No pueden obligarnos a que las odiemos. Eso es lo que somos.

No somos marionetas manipuladas por el maltrato de otras personas. Aunque ellas puedan afectar negativamente nuestro corazón y herirnos, no obstante no pueden controlar nuestras palabras ni nuestras acciones. No estamos sometidos a su influencia. Somos completamente libres. El modo en que respondemos es nuestro derecho y es según nuestras pautas. Otros no causan nuestras respuestas; solamente provocan nuestras reacciones. Cuando pisamos una rosa, despide la dulce fragancia que asciende hasta nuestras narices. Cuando pisamos un zorrillo, despide un olor diferente. ¿Acaso pisar sobre ambos, la rosa y el zorrillo, hizo que despidieran la esencia o sencillamente reveló sus propiedades internas? Cuando otros nos pasan por encima, se revela quiénes somos.

Al comunicarme de manera bondadosa reconozco que otros son creados a imagen de Dios y respondo apropiadamente. No importa si estoy escribiendo un correo electrónico, enviando un texto, un tuit, hablando por teléfono o en una reunión con otra persona; cuando la otra persona se siente algo despreciada, se vuelve defensiva o incluso se cierra totalmente.

LAS PERSONAS NO SON RECEPTIVAS A UN MENSA-JE DETESTABLE Y ALTANERO. Dios no creó a las personas para que les guste ese tipo de mensajes. Cuando agregamos en nuestra comunicación un mensaje como: «Me pareces repulsivo y no puedo tolerarte», matamos la relación. A pesar de que el noventa y cinco por ciento de la comunicación es provechosa y saludable, un poco de levadura, leuda todo. Una persona de aproximadamente setenta y dos kilos solamente necesita ingerir medio gramo de cianuro para tener una muerte prácticamente segura. Una línea escrita de manera despectiva mata la mayoría de la comunicación. Eso explica por qué algunos son tan eficaces en la comunicación. Ellos protegen con su vida ese cinco por ciento.

La bondad y la gentileza apartan la ira. La bondad suaviza la rudeza de la otra persona. Muchos han oído la cita de Proverbios 15.1: «La suave respuesta aparta el furor».

Una amiga de la familia fue a un hermoso lugar público para tomar unas fotografías. Varios minutos después de tomar algunas, un hombre vino desde su casa, gritando: «Váyase de esta propiedad o llamaré a la policía. ¡Váyase ahora!». Sorprendida, nuestra amiga sintió el impulso de gritarle también. Ella me dijo: «Estaba lista para hablar primero y pensar después. Quería gritarle: "Esta es propiedad pública, ¿qué derechos tiene usted de decir lo que dijo?"». Sin embargo, rápidamente pidió disculpas y dijo: «No lo sabíamos. Saldremos inmediatamente. Lo sentimos mucho». Al instante el hombre se calmó y le dijo: «Muy bien, entonces puede quedarse. No hay problema». Después el hombre le dijo que era propiedad pública y que ella podría estar allí cuando quisiera. El hombre reaccionó así por causa de unos jóvenes que frecuentaban ese lugar para consumir drogas. Ella me dijo: «Lo que la Biblia dice acerca de que la respuesta amable hace calmar el furor es muy cierto».

LA BONDAD CALMA A OTROS, LO CUAL AYUDA PARA QUE ENTIENDAN LA ESENCIA DE NUESTRA INQUIETUD. Una persona escribió: «Cuando comparto algo con (otro), ya sea difícil, un asunto que hay que confrontar o algo menor y noto el cambio en su expresión, pregunto: "¿Le parece que no tengo respeto por usted? No fue mi intención. Lo siento. Tengo un gran respeto por usted". Por lo general, eso alivia la situación… Porque he notado que las personas son más rápidas en venir a mí y decir lo siento después de un arrebato de ira».

Creo que las personas necesitan amor y respeto así como necesitan respirar el aire. Imagine que cada persona a la que habla lleva conectado un tanque de oxígeno marcado con las palabras «amor y respeto». Podemos tener la seguridad de que ninguna será receptiva a lo que decimos cuando pisemos sus mangueras de aire. En ese punto, la raíz del problema no es el tema; el asunto son sus sentimientos de que no tenemos un espíritu afable hacia ellas. Ellas oirán a medias.

LA BONDAD DEMUESTRA Y GENERA CONFIANZA. Recuerdo oír en una clase de la universidad lo siguiente: «Puedes ayudarte bastante si preguntas antes de hablar: "¿Lo que estoy por decir aumentará o socavará la confianza en la relación?"». De esto deduzco dos cosas. Primero, tenía la responsabilidad de hablar de manera que aumente la confianza. Sin embargo, eso no ocurrió por casualidad. Segundo, cuando hablaba de maneras que aumentara la confianza, como para lucir bondadoso y respetuoso, entonces la otra persona era motivada a estar receptiva a lo que yo tenía que decirle. Cuando no somos diligentes para tratar a otros con bondad, no debemos turbarnos cuando notamos que las personas no disfrutan a nuestro lado ni quieren escucharnos.

LA BONDAD AFECTA LAS EMOCIONES, LO CUAL ES CLAVE CUANDO PROCURAMOS INFORMAR O PERSUADIR. Carl Jung escribió: «Uno recuerda con aprecio a los maestros brillantes, pero con gratitud a los que han tocado nuestros sentimientos humanos».[17]

Algo tan simple como una nota de afirmación llega muy lejos. Una persona que ya no trabaja para mí, me envió una nota de aliento que afectó mis emociones, por lo que la mantuve en mi mente para un empleo futuro. Ella escribió: «Este es un mensaje breve sencillamente para desearte lo mejor por la publicación de tu nuevo libro. Espero que Dios te bendiga al igual que a tu familia, de manera que puedas continuar ¡con tu hermosa labor! Con mucho aprecio, N». Esa nota tocó mis emociones, creando aprecio y motivación para volver a contratarla.

LA BONDAD MANTIENE LA RELACIÓN Y ESTA DETERMINA LA RESPUESTA. ¿Qué quema los lazos entre las personas?

Vamos a ilustrarlo con una experiencia que tuve con otra persona que deseaba que yo la contratara para unos proyectos de corto plazo. Tuvimos algunas excelentes interacciones, pero decidí tomar un rumbo diferente.

De repente escuché lo que dijo. Me informó que estaba molesto por el giro de los acontecimientos de no contratarlo. Él consideraba que el trabajo ya era suyo. Alegó que me brindó más información de lo que normalmente daría porque sentía que había conseguido el trabajo.

Su declaración de que estaba molesto me perturbó inmediatamente. Me sentí mal por él, por no haber explicado sus sentimientos de manera diferente. ¿Por qué no me dijo: «Oh,

¡qué decepcionado estoy del giro de los eventos! Estaba tan emocionado de trabajar en este proyecto para ti. Estoy realmente triste. En realidad, supuse demasiado y di más información de lo que usualmente doy. Sin embargo, espero que mi oferta sea provechosa. Si en algo fallé que causó este giro de los acontecimientos, estoy completamente receptivo a un comentario. Sin duda agradecería si pudieras evaluar mi desempeño. ¡Gracias!?».

Esa respuesta verbal hubiera provisto un incentivo para que lo considerara para un futuro empleo. Él hubiera estado incentivando, no quemando un vínculo.

La relación determina la respuesta. Cuando estamos molestos y expresamos molestia, enviamos el mensaje de que percibimos a la otra persona equivocada e inaceptable. Quizás lo sea. Sin embargo, si es una diferencia de opinión sincera, en un punto confuso, debemos tratarla dócilmente si deseamos mantener una relación significativa.

AL COMUNICARME DE MANERA BONDADOSA DEMUESTRO QUIÉN ES DIOS. Según lo que Jesús dice, Dios Padre es bondadoso con nosotros. Entonces, ¿cómo podemos ser malos con otros? Es tan simple como eso. Sí, Dios es perfecto pero nosotros no, y fallamos donde él nunca falla. Sin embargo, Dios pide que le imitemos.

Hay un principio importante que Jesús revela en su enseñanza: trata a otros como Dios trata contigo. Por ejemplo, varias veces se repite que debemos perdonar a otros porque Cristo nos ha perdonado. Una razón contundente para comunicarnos bondadosamente con otros tiene poco que ver con la otra persona y mucho que ver con nosotros para considerar que esa persona nos ofrece la oportunidad de imitar el ejemplo que Dios nos da.

Una persona escribió: «Una pregunta que le hice a Dios fue: "¿Cómo puedes mostrar amor y respeto hacia una persona hiriente que es mala e indiferente?". El Señor respondió a mi corazón: "He estado allí, sé cómo te sientes y di mi vida por ti. Hice eso por ti". ¡Qué revelación tan asombrosa! Ese no era un asunto de si alguien me trató correctamente sino que consideraba toda esa relación a la manera de Dios, y que debo tratar a esa persona como Dios me trata».

Otra dimensión valiosa es que Dios está presente y que podemos confiar en él en los tiempos difíciles. He alentado a las personas a oír el llamado de Cristo de hacer todo como para Dios. Jesús dijo que así como hemos hecho a uno de estos pequeñitos, lo hemos hecho como para él. Yo reflejo la imagen de Jesús al ayudar a otro individuo. Una persona escribió: «La imagen de mí misma mirando a través de la otra persona y viendo a Cristo era exactamente lo que necesitaba oír. Supe que al refrenar mi lengua y ejercitar autocontrol sobre mis respuestas, no solamente es por amor y respeto hacia la otra persona, sino también es obediencia a Dios. ¡Qué gran victoria! Darme cuenta de que mi poderoso y majestuoso Dios me observa directamente cuando hablo malas palabras… eso era lo que yo necesitaba oír».

¿Cómo puedo responder a otros que comunican lo que no es bondadoso?

- AL AGRESOR: («Cuando soy malo, funciona. Cuando amedrento, consigo lo que quiero»), dígale:

«¿Es la intimidación la única manera con que puedes conseguir lo que quieres? Creo que careces de confianza en tu honorabilidad para motivarme».

• AL VENGADOR («Soy malo solamente cuando otros son hostiles conmigo; ojo por ojo»), dígale:

«Por favor, perdona mi falta de bondad. No fue intencional. Sin embargo, tu reacción parece como un castigo mucho más fuerte que mi crimen. ¿Te estoy juzgando incorrectamente?».

• AL FRANCO: («No soy áspero, pero sí brutalmente sincero al decirles a otros lo que no quieren oír»), dígale:

«Puedo estar a la defensiva y ser muy sensible. Probado culpable. Sin embargo, usted puede ser ofensivo. No quiero exagerar, pero la verdad sin amor se compara a una cirugía de corazón sin anestesia».

• AL INSENSIBLE: («No soy un compasivo que sostengo tu mano. El débil necesita ser más fuerte»), dígale:

«Me dirijo a usted puesto que valoro su comprensión. No estoy jugando al "pobrecito". No estoy tratando de ser patético cuando recurro a usted por ayuda».

• AL IMPACIENTE: («No tengo tiempo para saludos, necesito ir al punto»), dígale:

«Antes de ir directo al punto, ¿podrías ponerme al tanto de tus emociones? No quiero malinterpretar que estás irritado conmigo».

• AL VENCEDOR: («Para ganar, mentiré y deshonraré a mi rival. Mi finalidad justifica mis medios»), dígale:

«No tengo problema con la competencia. Ambos somos los mejores. Sin embargo, el triunfo sin honor es éxito sin importancia. ¿Es incorrecto que yo espere que usted sea honorable?».

- AL RESENTIDO: («He sido deshonrado y tratado injustamente. Sí, estoy enfurecido y soy rudo»), dígale:

    «¿Cómo puede ofenderse por la falta de bondad de otros y esperar que yo no me ofenda por su falta de amabilidad? ¿Acaso no es eso algo deshonroso e injusto para mí?».

- AL CONDICIONAL: («Las personas que no se ganan mi respeto no se lo merecen. Punto»), dígale:

    «La cultura grita: "¡El respeto se gana!". Muy bien, ¿qué pasa cuando alguien no se lo ha ganado? Mostrar desprecio no motiva a que el corazón cambie».

- AL FRACASADO: («Mostrar bondad no genera bondad. Funciona en tu contra. Debe ser mi culpa»), dígale:

    «Tu bondad refleja quién eres independiente de otros. Si ellos muestran un corazón duro a tu corazón bueno, ese es problema de ellos, no tu fracaso».

- AL ENVIDIOSO: («La vida es injusta conmigo. No tengo lo que otros tienen. Claro, soy un rencoroso»), dígale:

    «Estoy de acuerdo. Puede parecer injusta cuando otros tienen más. Sin embargo, no permita que eso haga que sea una persona desagradable. Nadie tiene todo lo que quiere y usted tiene más de lo que merece».

- AL INTOLERANTE: («Detesto y no puedo soportar a los que tienen creencias opuestas a las mías»), dígale:

    «Somos libres para rechazar creencias que consideramos falsas. Sin embargo, no debemos odiar a las personas que creen en ellas. No nos ganaremos su corazón, solo lograremos que rechacen nuestras declaraciones de lo que es la verdad».

- AL DESCUIDADO: («La verdad, me preocupo y sin querer hiero a otros por mi negligencia»), dígale:

«Alégrate de que no eres mezquino. Sin embargo, no seas como el hombre que dice: "Nunca golpeo a mi esposa", cuando el problema principal es que nunca muestra su amor por ella».

- AL ININTENCIONADO: («No fue mi intención ser insensible o frío. Solamente estaba enojado»), dígale:

«Me identifico con eso. Tengo esos momentos también. Sin embargo, el salto involuntario de ser herido a ser uno que hiere —no obstante— es cruel. Tome un tiempo para pensar antes de reaccionar».

- AL REBELDE: («No tolero reglas que digan que sea bueno. De todos modos lo seré si es que deseo serlo»), dígale:

«Cuando las personas autoritarias crean reglas injustas, pongo en duda la autoridad. Sin embargo, la regla de hablar con bondad es buena porque la hostilidad y el desprecio no funcionan a largo plazo».

- AL IMPULSIVO: («Las personas necesitan dejar de ser tan sensibles y seguir adelante. Así es como ahora hablamos y enviamos textos»), dígale:

«Una cosa es el humor inocente, pero el sarcasmo, la burla y la maldad hacia otros mancha su reputación y rompe las relaciones. Los buenos modales todavía valen».

- AL ANTISOCIAL: («Quiero que me dejen a solas, de manera que aparto a las personas. No quiero ser molestado»), dígale:

«Si buscas autonomía, no apartes a las personas con rudeza. Con gentileza diles: "Necesito estar solo. Gracias por entender. Eres muy amable". Ellas responderán mucho mejor».

- AL SORDO: («Pienso que otros están oyendo cosas. Yo no percibo absolutamente ninguna rudeza en mi voz»), dígale:

«¿Preguntan las personas si estás loco, si las amas o por qué no eres bondadoso? Si pareces y suenas rudo, las personas tienen el derecho legítimo de pensar que lo eres. Presta atención cómo suenas al hablar».

- AL SUCESOR: («Las personas necesitan tranquilizarse. Así es como mi familia de origen reacciona ante el conflicto»), dígale:

  «Has heredado de tus padres un estilo de resolución de conflicto que conlleva vociferar con enojo. Entiendo tus antecedentes, pero no respondo bien cuando me gritas».

- AL ABUSIVO: («No soy abusivo, y cualquier idiota que diga eso, es mejor que se cuide la espalda»), dígale:

  «Cuando una persona niega ser abusiva y después reacciona de una manera injusta, prueba esa acusación. Es como un borracho que contradice: "Mi nivel de alcohol es incorrecto"».

- AL AUTORREPROBADO: («Mi reacción a la tensión es evitar el ejercicio y comer mucho. Me repruebo»), dígale:

  «Yo pregunto: "¿Por qué estás tan hosca hoy?". Usted responde: "Me aborrezco. Me siento gorda y tensa". Lamento que no te ames a ti misma, pero tu vida me importa, y no ayuda cuando me dejas de lado con tu actitud».

En conclusión

Por infortunio, no son modales del mundo hablar siempre con bondad y respeto. Cada día vemos que los políticos usan el tuit rudamente contra sus oponentes, amigos que critican a sus jefes por Facebook, o aficionados al deporte que discuten acaloradamente acerca de los entrenadores y los jugadores que han «arruinado su vida» con sus últimas decisiones y juegos en la cancha. Con toda honestidad, a veces nos sentimos como ellos sienten. Sin embargo, sería sabio recordar las palabras del apóstol Pablo, que también tuvo que lidiar con los judíos, los romanos, incluso con los cristianos que simplemente fluctuaban inconformes con sus decisiones, incluido querer meterlo en la cárcel y matarlo. Pablo escribió: «Que su conversación sea *siempre* con gracia, sazonada como con sal» (Colosenses 4.6).

Siempre. Con gracia.

No solamente cuando otra persona está de acuerdo con usted. No solamente cuando la persona sea bondadosa primero. No solamente cuando usted tenga algo que ganar por ser bondadosa. No obstante, sea siempre bondadoso.

No se trata de la otra persona. Se trata de mí, independientemente de la otra persona.

CAPÍTULO 3

¿ES NECESARIO?

Meditación bíblica acerca de hablar lo que es necesario

- Eclesiastés 3.7—**Tiempo de hablar, y tiempo de callar.**
- Proverbios 10.19—En las **muchas palabras**, la transgresión es inevitable, Pero el que refrena sus labios es prudente.
- Eclesiastés 5.3—Quien **mucho habla** dice tonterías (NIV).
- Eclesiastés 6.11—**Aumentan las palabras, aumentan los absurdos.** ¿Y qué se gana con eso? (NIV).
- Proverbios 29.20—¿Ves a un hombre **precipitado en sus palabras?** Más esperanza hay para el necio que para él.
- Eclesiastés 5.7—**En las muchas palabras hay vanidades.**
- Eclesiastés 10.12-14—Los labios del necio a él lo consumen. El comienzo de las palabras de su boca es insensatez, y el final de su habla perversa es locura. **El necio multiplica las palabras.**

- Mateo 12.36—Pero Yo les digo que de **toda palabra vana** que hablen los hombres, darán cuenta de ella en el día del juicio.
- Santiago 1.26—Si alguien se cree religioso, pero no **refrena su lengua**, sino que engaña a su propio corazón, la religión del tal es vana.
- Efesios 5.4—Tampoco haya obscenidades, ni necedades, ni groserías, **que no son apropiadas**, sino más bien acciones de gracias.
- Efesios 4.29—No salga de la boca de ustedes ninguna palabra mala (corrompida), sino sólo la que sea buena para edificación, **según la necesidad del momento**, para que imparta gracia a los que escuchan.
- Proverbios 25.11-12—Como manzanas de oro en engastes de plata es **la palabra dicha a su tiempo**. Como pendiente de oro y adorno de oro fino es el sabio que reprende al oído atento.
- Proverbios 15.23—El hombre se alegra con la **respuesta adecuada, y una palabra a tiempo**, ¡cuán agradable es!
- Proverbios 17.27-28—El que **retiene sus palabras** tiene conocimiento, y el de espíritu sereno es hombre entendido. Aun el necio, cuando calla, es tenido por sabio, cuando cierra los labios, **por** prudente.
- Proverbios 13.3—El **que guarda su boca**, preserva su vida; el que mucho abre sus labios, termina en ruina.
- Proverbios 21.23—El que **guarda su boca y su lengua**, guarda su alma de angustias.
- Proverbios 17.28—Aun el necio, cuando **calla**, es tenido por sabio, cuando **cierra los labios**, por prudente.
- Santiago 1.19—Esto lo saben, mis amados hermanos. Pero que cada uno sea pronto para oír, **tardo para hablar**, tardo para la ira.
- Judas 1.3—El gran **empeño que tenía en escribirles**.

• Efesios 5.12—Porque es **vergonzoso aun hablar** de las cosas que ellos hacen en secreto.

Una lista rápida para comenzar

¿Debemos decir algo o refrenarnos de comentar? Eclesiastés 3.7 nos recuerda que hay «tiempo de hablar, y tiempo de callar». En otras palabras, debemos determinar si este es un momento de callarnos o de hablar lo que está en nuestro corazón y nuestra mente.

El apóstol Pablo nos dio una idea cuando escribió: «No salga de la boca de ustedes ninguna palabra mala (corrompida), sino sólo la que sea buena para edificación, *según la necesidad del momento*, para que imparta gracia a los que escuchan» (Efesios 4.29). En otras palabras, cuando la otra persona necesita oírlo, y lo podemos comunicar de una manera completamente edificante, entonces es necesario decirlo.

Antes de entrar en la esencia de comunicar lo que es necesario, comencemos con una lista rápida que nos ayude a responder si es necesario.

• Si no es verdad, ni bondadoso, ni claro, entonces *no*, no lo digo. ¿Acaso es necesario decir algo que es mentira, malo y confuso?

• Si la otra persona necesita oír la verdad, y puedo comunicarla con bondad y claridad, entonces *sí*, la diré. Puesto que me interesan la verdad y la otra persona, hablaré con valor y bondad de manera que me entienda. No permaneceré callado. Aunque este libro advierte en contra de hablar antes de pensar, el otro lado de este libro asegura que cuando juzgamos que la otra persona necesita la iluminación de la verdad, y podemos expresarla con bondad, respeto y coherencia, entonces debemos decirla. Debemos comunicarla por el bien de la verdad y el de la otra persona.

- Si *es necesario*, pero no es el momento oportuno, esperaré. Por ejemplo, quizás necesitamos esperar porque la otra persona no está lista para oír de nosotros hoy ya que ha estado despierta toda la noche y necesita descansar. O, nosotros necesitamos descansar hasta que podamos comunicarnos cara a cara, en vez de hacerlo por teléfono. Cuando se duda, una regla básica es esperar veinticuatro horas. Cuando uno está enojado y no se siente para obrar normalmente, espere sin decir nada por escrito por, al menos, un día.

La importancia de comunicar lo que es necesario

Conforme hemos citado, Jesús dijo en Mateo 12.34: «Porque de la abundancia del corazón habla la boca». Y continuó diciendo en los versículos 36-37: «Pero Yo les digo que de toda palabra vana que hablen los hombres, darán cuenta de ella en el día del juicio. Porque por tus palabras serás justificado, y por tus palabras serás condenado». Las palabras vanas proceden de un corazón indiferente.

Mi madre fue un ejemplo de alguien que piensa antes de hablar lo que no es necesario. Mis padres se divorciaron cuando yo tenía un año de edad, volvieron a casarse, después otra vez se separaron por cinco años. Aunque mi mamá hubiera podido culpar a mi padre mientras me criaba sola, aprecio que se abstuvo de hacerlo. Más adelante, expresó que no era necesario que yo oyera tales cosas. El enfoque de mi madre estaba en la otra persona. Por amor a mí, procuró satisfacer mis necesidades con sus palabras. No era descuidada con las suyas porque yo le importaba. Mamá se abstuvo de dar información que no era necesaria que yo escuchara, a pesar de que se habría sentido mejor después de hacerlo.

Como he dicho acerca de mi mamá, que ahora está en el cielo, no recuerdo que haya hecho nada de lo siguiente. Ella tenía una noción acerca de lo que era y lo que no era necesario. No era perfecta, no obstante era madura.

En cuanto a mí, ella no

- me proveyó mucha información que me abrumara e hiciera que la apartara,
- tuvo arrebatos de ira ni pronunció amenazas vanas,
- hizo comentarios verdaderos en el tiempo incorrecto que me tomaran por sorpresa o me dejaran sin poder defenderme,
- continuó repitiendo los problemas que la molestaban,
- sintió lastima por sí misma ni recurría a mí ni a alguien para que oyéramos sus quejas,
- pensó que podía decir cualquier cosa, a cualquier hora, porque a ella le preocupaba, y eso excusaba la falta de prudencia,

ANTES DE QUE OPRIMA ENVIAR

- detestaba el silencio hasta el punto que llenaba la sala con su charla vacía para oírse ella misma,
- enfatizó ni exageró,
- interrumpía porque lo que ella tenía que decir era más importante que cualquier cosa que yo tuviera que decir,
- se quejó de placeres no satisfechos,
- no seguía pensando en una crítica más que acumular.

Doy gracias a Dios que mi madre procuró decir solamente lo necesario. Lo hizo porque tenía un corazón bueno y entendido.

La regla de oro de la comunicación necesaria

¿Cómo se aplica la regla de oro a las palabras innecesarias?

Puesto que no disfrutamos de los que hablan sin parar, que cuentan cosas de nosotros a quienes no tienen derecho de saberlo, que repiten el mismo episodio acerca de nosotros sin perdonar ni olvidar, que sienten una obsesión compulsiva de llenar el silencio con el sonido de sus voces y que continúan dando información negativa sobre nosotros que nos satura emocionalmente, ¿por qué querríamos hablarle de esa manera a otros?

Puesto que no disfrutamos de los que tienen arrebatos de ira para sentirse mejor y tratar de cambiarnos, que se quejan de sus sueños carnales no cumplidos, que captan la atención en la conversación porque nos consideran aburridos y que vomitan sus problemas a cualquiera que les preste un poco de atención, ¿por qué nos comunicaremos de esa manera?

Puesto que no disfrutamos de los que constantemente vigilan nuestras actividades para atraparnos, confrontarnos y controlar nuestros errores; que hacen muchas preguntas que invaden nuestra privacidad y alimentan su curiosidad egoísta; que evitan nuestras preguntas sinceras para eludir hablar de lo esencial; y que mencionan cosas incongruentes y necias; ¿por qué haríamos tales cosas?

Puesto que no disfrutamos de los que tienen una rara habilidad para decir habitualmente lo correcto en el momento inoportuno, que comienzan a hablar antes de haber comprendido el asunto esencial de nuestro corazón, que hablan maternalmente temas que nos hacen sentir como niños, que interrumpen cuando estamos conversando atentamente con otra persona, y que sienten un llamado divino a sermonearnos semejante a un calvo vendedor de aceite restaurador de cabello, ¿por qué expresarnos de esa manera?

¿Por qué comunicamos lo que es innecesario?

Hay veinte descripciones que nos ayudan a discernir las razones por las que nos hemos sobrepasado y dado información no necesaria y, muchas veces, ni deseada. Por favor, considere si alguna de estas le describe, luego lea el breve comentario de ese perfil acerca de hablar lo innecesario.

Si otros con suavidad le reprenden con: «Lo que estás diciendo y haciendo no es necesario», ¿cuál de las siguientes razones ha provocado sus comentarios? En otras palabras, ¿qué explicación tiene usted para comunicarse de esa manera?

EL INDISCRETO: Creo que di información útil, pero algunos dicen que se sienten abrumados.

EL EXPLOSIVO: Tengo que ventilar mis sentimientos reprimidos; no es saludable coartar mi negatividad.

EL VULGAR: Admito que mis palabras no son apropiadas, pero los demás no deberían ser tan puritanos.

EL INOPORTUNO: Lo que dije era verdad; no importa si fue inoportuno y en el lugar equivocado.

EL CHISMOSO: Debo ser el primero en saber y contar aunque, supongo, parte de eso no es asunto mío.

EL ENTROMETIDO: Aunque no sepa los detalles, tengo que inmiscuirme para poder avanzar mi causa.

EL IMPREDECIBLE: Sí, digo cosas innecesarias sin pensar, pero no con mala intención.

EL DESATENTO: Admito, escucho a medias hasta que pueda decir lo que quiero.

EL REPETIDOR: Tengo que revisarlo otra vez. No puedo dejarlo y seguir adelante hasta que me sienta bien.

EL ABATIDO: Tengo penas, ¿entiende? Busco a cualquiera que quiera oír mis cargas.

EL ESPÍA: No lo considero como espionaje sino como control de sus errores para ayudarlos a mejorar.

EL MATERNAL: Aunque otros no me estén escuchando, lo digo de todas maneras porque me preocupo.

EL CHARLATÁN: No me gusta el silencio, de manera que lo lleno con lo que sea que piense en el momento.

EL EXAGERADO: Sinceramente, despierto simpatía y cambio, súbitamente exagero la realidad.

EL QUE INTERRUMPE: Las personas me dicen que les interrumpo innecesariamente, pero lo que digo es importante.

EL QUEJOSO: Cuando no consigo lo que quiero, no soy feliz; y siento que es mi derecho quejarme.

EL DISTRACTOR: Me rehúso a ser el centro de atención, de manera que distraigo a otros con asuntos irrelevantes.

EL CENTRO DE ATENCIÓN: Las otras personas son calladas y aburridas, de manera que ocupo el centro de atención con mis intereses.

EL EXCESIVO: Cuando estoy molesto, pienso en cosas extras y lo digo; para mí nada es ajeno al tema.

EL INOPORTUNO: Quizá debería esperar calladamente en oración, pero siento que ellos necesitan oírlo ahora.

El indiscreto

A través de los años he recibido cientos de correos electrónicos de cónyuges que descargan un cúmulo de información. Me cuentan que no tienen un buen matrimonio, pero después hablan acerca de la salud de sus madres, la insensibilidad del propietario, la huida del perro, el exceso de cobro del mecánico, no poder tener una cita médica por otros tres meses, exceso de peso, necesitan un mejor plan de salud y así sucesivamente. Aunque sé que tienen buena intención, dejé de leer eso. No puedo absorber toda la información innecesaria. Eso es del clásico indiscreto, demasiada información..

El indiscreto, por lo general, es muy inteligente pero sumamente inseguro. La inseguridad le impulsa a procurar que el interlocutor comprenda todo. Por esa razón, necesita preguntar: «¿Cuánta información es necesaria para explicar mi punto?». Y cuando no lo sepa, dé un poco de información y pregunte si la otra persona necesita más. Lo mejor para el indiscreto es recordar que menos es más.

Otros no son inseguros, no obstante dan desmedida información. En una reunión de directiva en la organización que dirijo, a veces me preparo de más con una propuesta y presento excesiva información. Mi deseo de que los miembros de la junta comprendan mi plan y mi posición con el fin de debatir, a fin de cuentas es contraproducente debido al exceso de información para que comprendan todo a la vez.

Esta es una clave si somos una persona indiscreta. Cuando hablamos, ¿notamos que las personas miran sus relojes o sus celulares? ¿Oímos que las personas dicen: «Bien, eso es suficiente. Lo comprendo. Gracias»? ¿Se levanta la gente y sale de la sala cuando hablamos? ¿Dice su jefe: «Comience solo con un resumen de una página y, si queremos más, se lo pediremos?».

Una persona que se dio cuenta que era indiscreta, me escribió, y se comprometió a mejorar. Me dijo: «Mi nuevo lema para tratar de vivir es: Dilo de manera simple». Quizás un mejor lema sea: «Dilo de manera breve». Este no es un mal consejo para que el indiscreto piense antes que pulse enviar.

El explosivo

Las grandes explosiones ocurren por teléfono con un miembro familiar que nos acusa de indiferentes e incluso de mentir, cuando respondemos a un correo electrónico de alguien que acaba de subordinarse a nuestra autoridad, con un colega que critica nuestra labor otra vez, o cuando enviamos un tuit acerca de un candidato que no toleramos. Cuando estamos enojados, algunos echamos chispas como un mar de lava encendida.

He sabido de hombres con problemas graves de ira que explotan contra los que están a su alrededor, pero después se sienten muy bien y esperan que los ofendidos digan: «No te preocupes, no hay problema. Entendemos completamente».

Cuando nos portamos de manera explosiva, la mayoría se cierra contra nosotros y quizás hasta se enfaden. Escuchamos que dicen: «Tengo que andar con sumo cuidado alrededor de esta persona». Nos perciben como impredecibles, emocionales e irracionales cuando estamos heridos, frustrados, confusos, molestos, temerosos u ofendidos. Si nos contratan, al final nos despedirán. En los medios sociales, las personas pasan por alto lo que hemos escrito porque nuestra explosión anula el punto.

¿Podemos cambiar? Absolutamente. Una mujer me escribió después de reconocer sus tendencias explosivas. Me dijo: «Ahora, debido a mi frustración, estoy muy consciente de detenerme y pensar cuando siento ganas de hablar. Pienso antes de hablar disparates. Pienso cómo me percibirán».

¡Esta manera de pensar es útil justo antes que pulse enviar!

El vulgar

Me parece extraño que personas tan buenas y decentes por alguna razón desconocida sientan que serán más populares si hacen reír a otros con comentarios inapropiados o cruda tontería. Tristemente, sus bromas vulgares no contribuyen a la discusión en nada que no sea el hecho de que solo procuran ser graciosos. A la mayoría de la audiencia le resulta de mal gusto.

Hablar mera tontería puede ser un problema. Conozco una persona que perdió su empleo porque no dejaba de hablar tonterías, imitando actores y repitiendo los diálogos de los programas. Nunca dijo malas palabras sólo se portó tontamente. Recibió varias advertencias formales de sus superiores de que esa conducta frívola no era digna de su posición profesional y le instruyeron a que se refrenara. Él no prestó atención al consejo y ellos lo despidieron. Lamentablemente, era un cristiano que sabía este versículo: «Tampoco haya obscenidades, ni necedades, ni groserías, que no son apropiadas, sino más bien acciones de gracias» (Efesios 5.4).

Dígame, ¿por qué algunas personas continúan hablando cuando no es necesario ni útil? Y peor, ¿por qué afirman que los demás son puritanos cuando todos los hechos indican que son ellas las imprudentes? Esto parece ser parte del vulgarismo.

El inoportuno

¿A qué me refiero cuando digo que aunque algo sea verdad es innecesario decirlo en este momento? Los padres lo saben. Si una hija come en exceso, es cierto que ella necesita orientación en cuanto a por qué debe eliminar los postres. Sin embargo, los padres no les dan esta información frente a sus hermanos. Uno de estos es pronto para bromear o soltar un comentario desagradable. En ese momento esas palabras, debido a la instrucción inoportuna de los padres, quedan grabadas en el alma de esa hija por los siguientes diecisiete años. Hay un tiempo y un lugar para dar cierta información.

Un esposo, que trabaja en una oficina, tomó tiempo libre y trabajó por doce horas para ayudar a un amigo en su mudanza. El esposo está exhausto. Al mismo tiempo, su esposa tiene un altercado con el hijo adolescente y se siente abrumada. Ella se siente fracasada por completo y apenas puede esperar a que el esposo retorne al hogar para que puedan conversar. Cuando este abre la puerta, ella comienza a explicarle lo ocurrido con el hijo. Pero unos minutos después de que comenzara a informarle, el esposo dice: «Lo siento cariño. ¿Podemos hablar de esto en la mañana?». Ella reacciona: «No, necesito hablar ahora. Esto me está destrozando».

Técnicamente ella no yerra en cuanto a la necesidad de hablar, pero tampoco él, sabiendo que se está quedando dormido. Su agotamiento impulsa la necesidad que ella tiene de hablar en ese momento. Necesitamos reconocer que la información correcta comunicada en el momento incorrecto usualmente resulta inútil.

¿Está por pulsar enviar una comunicación que no está seguro si es el tiempo indicado para hacerlo? Sí, es verdad, y puede que sea amable, pero ¿llegará en un tiempo tan inoportuno que la verdad y la bondad caerán en oídos sordos, porque parece como si obligara a esa persona y presionara esa situación? Como muchos hemos oído, lo principal es el tiempo. Si no está seguro de que este es el mejor tiempo, espere. Ponga ese correo electrónico en su borrador y vuelva cuando ya esté seguro respecto al tiempo. Las palabras correctas en el tiempo incorrecto no caerán bien al receptor.

El chismoso

El chismoso dice: «Tengo información que tú no sabes. Considérame como el primero en saberla y en decirla. Tengo la exclusiva. Conozco las cosas de los demás y puedo hablar de ellas».

Algunos chismes pueden volverse maliciosos. Al hablar del desempeño de un empleado a quién no quiere, el gerente le dice a su jefe: «Bueno, usted no sabe esto, pero este hombre está en drogas y parece que su esposa anda con otro hombre». Ahora el jefe se pregunta: *¿Es este administrador un chismoso? ¿Puedo confiarle información confidencial? Si me cuenta cosas*

*que no debo saber, ¿les contará a otros cosas de este negocio que
no deben saber?*

Todos hemos oído que dicen: «Algunas cosas es mejor no
decirlas». Para ayudarnos a discernir lo que es mejor no decir,
una buena regla es: «No repitas ninguna información que no
tenga tu nombre». Tengo un pastor amigo que lleva consigo
una tarjeta en blanco, y cuando las personas comienzan a
chismear, él empieza a anotar lo que ellos hablan y les dice
que irá ante la persona de la cual están hablando para contarle
lo que han dicho. Los chismes pararon porque nadie quería
que sus nombres endosaran los chismes.

Otra regla de oro: Sea parte de la solución, no parte del
problema. Este amigo pastor también cuenta que le dice al
chismoso: «Iremos a ver a esta persona de la cual estás hablando para preguntarle si esto es verdad, y si lo es, veremos qué
podemos hacer para ayudar. Vamos a ser parte de la solución».

El entrometido

Un interés amable en las actividades diarias de otros es
bueno, pero ser muy inquisitivo es molesto, puesto que es
una invasión a la privacidad y puede surgir de una intriga no
saludable.

El problema es que algunos entrometidos no se consideran
entrometidos. Piensan que son bondadosos. Mi esposa, Sarah,
habla acerca de las veinte preguntas que ella le hacía a nuestro
hijo David cada día después de la escuela cuando estaba en el
quinto grado. Al cabo de una semana con esa práctica, David
le dijo: «Es lo mismo cada día. Si algo cambia, te lo contaré».
Como toda madre, Sarah quería conectarse con su hijo a nivel
emocional. Se preocupaba por David. Desde su punto de vista femenino, eso solamente podía ocurrir conversando. Sin

embargo, David no le hablaba a Sarah como ella anhelaba, así que sentía el impulso de hacerle preguntas para que él hablara. En mi libro *Madre e hijo*, trato acerca de lo que una madre puede hacer en esta situación. Sin embargo, la madre debe preguntarse: *¿Es esto intrusión o conexión? ¿Se sentiría incómodo mi hijo porque no le resulta amigable sino como una investigación para descubrir información acerca de él con el fin de criticarlo?* Sería mejor que ella le asegurara que su motivación no es investigarlo.

Algunos somos entrometidos porque no toleramos no saber. Podemos recurrir al chisme y descubrir de esta manera lo que no sabemos. Otros forzamos los límites de los demás, lo cual les hace sentir incómodos. Sacamos información de un miembro de la directiva de la iglesia haciéndole centenas de preguntas acerca de quién contratará la junta como líder de la adoración, y pretendemos usar esa información a fin de obtener apoyo con antelación para oponernos al candidato, si es que no nos gusta esa persona. Extraemos información de un miembro del grupo de la administración acerca del plan de compensación para crear una tormenta de resistencia en caso de que el plan sea menos de lo solicitado. Cuando hay pleito sobre asuntos que nos interesan (Proverbios 26.17), nos sentimos impulsados a inmiscuirnos. Tratamos de saber lo que pasa para adelantar nuestros intereses. Por ejemplo, enviamos un correo electrónico con preguntas que aparentan ser inocentes, pero estamos buscando extraer algo de información que pretendemos usar después para nuestro plan egoísta. Creamos problemas con la información esperanzados con conseguir lo que queremos. La Biblia dice que las personas así son «entrometidos» (1 Pedro 4.15). Ese tipo de persona no se conduce de una manera digna sino que se excede inapropiadamente como si tuviera intereses ocultos. Es necesario debatir no engañar.

Antes de pulsar enviar (pensando metafóricamente), cuestiónese: ¿Por qué estoy haciendo tantas preguntas?

¿Está su intrusión conectada con su «temor de no saber lo que pasa»? Tiffany Bloodworth Rivers dice: «Ya que *podemos* estar tan conectados, muchos sienten que *deben estarlo* en todo tiempo. De hecho, hay una condición psicológica actual, el temor de no saber lo que ocurre [de las siglas en inglés FOMO (Fear of missing out)], que está aumentando entre los miembros de nuestra sociedad, por la que las personas sienten la compulsión de saber lo que está pasando, comunicarse con, o compartir información con cualquiera y a todas las personas, los lugares y las cosas».[1] Eso alimenta la tendencia de los curiosos.

¿Es usted un entrometido? Permítame preguntarle: Si un vecino cavara un pozo en el patio trasero bien entrada la noche, ¿se inquietaría usted tanto hasta saber por qué lo hizo?

El impredecible

En una junta de doce personas el lunes por la mañana en la compañía de imprentas ABC, Patti expresa lo siguiente: «Cintia no vendrá a trabajar hoy. Ha tomado un día de vacaciones porque el viernes por la noche descubrió que su esposo está teniendo una aventura con su secretaria».

Esa información es verdad, clara y expresada por empatía y bondad hacia Cintia, que es una buena amiga de Patti. Sin embargo, no es necesaria. No solo nada tiene que ver con el tema de esa reunión, no es asunto de las personas saber esa información. Tristemente, esto se convierte en leña para el chisme, desacredita al esposo de Cintia, que probablemente se esté arrepintiendo en ese mismo momento y pone a Cintia en peligro de perder una promoción que espera recibir.

Más tarde ese año, Patti se pregunta por qué no recibe asignaciones externas. Alguien le dice: «¡La gerencia no puede confiarte información interna! Te consideran peligrosa, como un cañón suelto».

En la batalla o en la tormenta, cuando un cañón se suelta de sus amarres, causa daño severo a la nave y a los tripulantes. Es incontrolable e imprevisible.

Tal persona se defiende, diciendo: «No estoy tratando de herir a nadie. Solamente soy franca y expreso mi preocupación. No siempre puedo refrenarme». Sin embargo, la falta de dominio de la lengua es señal de falta de dominio propio. La Biblia alude a esto como una lengua sin freno (Santiago 1.26). La lengua sin freno es semejante a la vela sin amarras que ondea libremente y de repente lo golpea a uno en la cara. Cuando una persona no controla su lengua, las otras terminan heridas.

Solamente porque tenga buenas intenciones no significa que debe pulsar enviar. Las buenas intenciones no siempre producen buenas palabras o resultados. Lo que sale de la boca no siempre es lo mismo que guarda el corazón. Buena intención y buen sentido no son sinónimos. Como dice el refrán: «La lengua sin freno hunde las naves».

El desatento

Juancito de seis años de edad, le preguntó a su madre de dónde provenía él. Ella se había preparado para ese momento y comenzó a darle una explicación completa sobre la sexualidad humana y el nacimiento del niño. Después de terminar, le preguntó a Juancito si había contestado su pregunta. Este le dijo: «Es posible, Jasón, que acaba de mudarse aquí cerca, me dijo que él venía de Nueva York. Por eso quería saber de dónde vengo yo».

Podemos malentender lo que se ha dicho. Cierto día estuve hablando con un esposo, que se sentó y escuchó que su hijo adulto hablaba sinceramente con su madre. Por alguna razón, ella se puso a la defensiva. Estaba defensiva un extremo tal que comenzó a hablar de temas no relativos al asunto que su hijo procuraba tratar con ella. En un punto de la conversación el esposo dijo: «Cariño, no creo que estás oyendo lo que él quiere decirte. Esto es lo que él está sintiendo en su corazón», con lo cual su hijo estuvo totalmente de acuerdo. El padre me dijo: «Me sorprendió que ella no tuviera idea de cuánto no comprendía a su hijo. Creo que se sentía acusada, puesto que la conversación no tuvo buen comienzo dado que él comenzó gritándole. Por eso ella sentía que él pretendía condenarla como una mala madre. Ella entendió todo a través de ese filtro. Estuvo allí sentada temerosa de lo que podría oír y, por tanto, no lo oyó».

Proverbios 18.13 dice: «El que responde antes de escuchar, cosecha necedad y vergüenza» Cualquiera de nosotros puede terminar sin entender el asunto principal. Respondemos a un tuit con un comentario desagradable para luego darnos cuenta de que lo malinterpretamos, y ahora tenemos que pedir disculpas. En todo el mundo las personas se ven obligadas a pedir disculpas por ser engreídas. Parece que nos hemos convertido en el país de la disculpa.

Me sorprende mucho cuando las personas comentan en las plataformas de los medios sociales respondiendo a algunos puntos que una persona supuestamente hizo; pero cuando uno lee lo que la primera persona escribió, la respuesta completamente ignora lo que fue comunicado. En efecto, otros participan y dan sus opiniones. Una red de respuestas comienzan a acumularse que no son relativas al punto original o a las preguntas. Todos esos comentarios son innecesarios. Finalmente, alguien dice: «Todos están ignorando el punto aquí».

Todos debemos tener la meta de imitar a la persona que dice: «Yo solía oír a fin de hablar, pero ahora me dispongo a escuchar para comprender».

Antes de pulsar enviar, pregúntese: *¿He oído cuidadosamente y comprendido el asunto exacto que se está tratando?*

El repetidor

Un hombre me dijo: «Ella comenzó… a recordar por años las cosas que hice mal, haciéndome sentir como un estúpido». Una mujer también me dijo: «Él gasta todo nuestro tiempo repitiendo todo lo que hice mal».

En muchos casos, el repetidor se siente tan inseguro que trata de condenar a la otra persona. Una mujer reconoció que eso le pasaba a ella. Ella necesitaba hablar para resolver las cosas. A menos que hablara al respecto, no se sentía bien ni segura, por lo que continuaba repitiendo mentalmente y repitiéndoselo a otros. Sin embargo, las personas comenzaron a ignorarla. Así que recurrió a su papá para que la aconsejara. El padre le dijo: «Cariño, la pregunta que debes hacerte es esta: "¿Recordaré esto en un día, una semana, un mes o en un año a partir de ahora? ¿Lo recordarán ellos?". Si no lo recuerdan, está bien, olvídalo. Eso no significa que no deberías hablar con la otra persona, pero probablemente no sea necesario». Ella me dijo que eso la liberó puesto que nadie se lo había dicho antes. Toda su vida, sintió que era necesario hablar todo cada vez que se sentía molesta.

Cuando aconsejo a las parejas, les digo que ciertos químicos en el cuerpo de la mujer hacen que se moleste por un periodo de doce horas, después de un conflicto. Ella examina todo el episodio y considera que es imposible desecharlo. Sin embargo, la composición química del hombre difiere, de forma que él puede dejar de considerarlo después de una hora. Esa es la razón por la que cuando la pareja pelea por la mañana, esa noche ella necesita hablar acerca de lo ocurrido nueve horas antes, a lo que él responde «¿De qué estás hablando?». Francamente él no puede recordar por qué ella está enojada. Él estuvo pensando en cientos de cosas en el trabajo, por lo que el conflicto que tuvieron temprano —esa mañana ahora— ya está en el pasado. Las dos personas maduras deben decidir dejar el asunto hasta ahí, como hizo él, o hablar al respecto porque ella todavía tiene necesidad de hacerlo. Ni uno ni otro está mal, solo son diferentes.

Algunas cosas hay que ignorarlas, no hay que escribirlas en un diario y repetirlas cada día hasta que nos sintamos seguros como personas. El amor «no guarda rencor» (1 Corintios 13.5 NIV), especialmente cuando la otra persona ha comprendido que no ha respondido bien y pidió disculpas. Necesitamos perdonar y seguir adelante. No está bien insistir sobre el tema pasado. La repetición puede avergonzar a la otra persona, que ahora se queja: «¿Es esto necesario, otra vez? ¿Qué más puedo decir o hacer?».

Algunos necesitamos entregar esos asuntos a Dios, según escribió Pedro: «Echando toda su ansiedad sobre él, porque él tiene cuidado de ustedes» (1 Pedro 5.7). Una persona escribió: «Todavía tengo momentos de debilidades cuando dudo de sus intenciones. Parece que me resulta difícil dejar de pensar en el pasado y de revivir esos sentimientos. He estado confiando en la oración para que me ayude a resolver estos problemas».

Jesús dijo: «Vengan a mí, todos los que están cansados y cargados, y yo los haré descansar» (Mateo 11.28). ¡Parece una gran opción! Antes que pulse enviar, quizás necesite postrarse ante Dios.

El abatido

A través de los años he observado que algunas personas van de un consejero a otro. Esas personas no tienen intención de cambiar. Sencillamente quieren contar sus historias dolorosas para ganar empatía. Sacan energía a las personas que se compadecen de ellas. Sin embargo, si un consejero cambia de enfoque hacia algo por lo que la persona podría cambiar, usualmente buscan otro consejero. Algunos tienen adicción a la terapia, en contraste con la necesidad de recibir terapia por la adicción.

Los cambiadores de consejeros hacen lo mismo en el trabajo. Retienen a alguien junto al bebedero, contándoles melodramas melancólicos. Dos días después, mientras almuerzan con un colega distinto, repiten el mismo drama. No quieren ayuda sino que sienten pena por sí mismas e intentan persuadir al oyente para que sienta pena por ellas. En realidad, ofrecen un momento de melodrama de sí mismas e invitan a cualquiera que les quiera escuchar.

Por esa razón, les encanta Facebook. ¿Cuántas personas publican apenadas sus historias con la esperanza de que media docena las lean y afirmen todo lo que están sintiendo? Nadie conoce el trasfondo de la historia, excepto lo que ellas dicen, es tal la conveniencia. Facebook no exige dos o tres testigos para confirmar los hechos de lo que ellos publican. Sin embargo, Moisés, Jesús, y Pablo si hacen esa clase de exigencia (Deuteronomio 19.15; Mateo 18.16; 2 Corintios 13.1).

Durante varios años hemos seguido extraoficialmente a las personas que me han escrito para contarme sus historias de dolor, pero cuando hicimos varias recomendaciones respecto a lo que debían hacer, nunca más oímos de ellas. Antes que pulse enviar, ¿puedo hacer una pregunta? ¿Por qué está comunicando esta información? ¿Siente lástima por sí mismo y quiere que otros sientan lástima por usted también, o busca sabiduría para salir del pozo?

El espía

Espiar es reunir secretamente información respecto de las actividades de otros sin su consentimiento. A menos que trabajemos para una agencia del gobierno, es innecesario espiar. A nivel personal, puede que tengamos la mejor de las intenciones y solamente busquemos la verdad. Sin embargo, los otros no lo saben, y si ellos supieran que les estamos espiando, eso disminuiría la confianza en nuestras relaciones. Es salir del límite y entrar en territorio no justificable. No obstante, ¿por qué estamos espiando? La mayoría espía a otros para atraparlos en prácticas indebidas.

Piense en los padres. No se argumenta que los padres deben actuar responsablemente hacia sus hijos y supervisarlos contra prácticas indebidas. Sin embargo, algunos padres han confesado que tratan de ser el mismo Espíritu Santo para sus hijos. Debido a que anhelan prevenir que sus hijos sufran las mismas experiencias que ellos pasaron a esa edad, los padres tienen una obsesiva compulsión de seguir todo lo que su adolescente hace. La idea es: «Si los atrapo haciendo algo malo, esto los motivará para hacer lo correcto cuando yo no esté observando». Estos padres espían para confrontar y corregir y sí, para controlar.

Por cierto, no hay problema con la rendición de cuentas cuando el hijo sabe anticipadamente que tiene supervisión. Por ejemplo, poner programas de protección en la computadora es bueno. El papá mismo tiene este tipo de responsabilidad. Lo malo *es* espiar a un adolescente que le habla a una joven en el parque. Eso es monitoreo encubierto y viola la confianza en caso de que él lo descubra.

Para el cristiano, esto puede ser una crisis de fe. Sarah les dijo a las madres de los adolescentes: «Dígale al Señor: "Señor, si hay algo que necesito saber, ¿me lo dirías?"». En algún momento debemos confiar en Dios. No podemos espiar las veinticuatro horas del día y los siete días de la semana.

Aparte de ser padres, algunos nos convencemos de que espiamos o tratamos de oír lo que dicen porque los cuidamos. El acosador afirma: «Estoy enamorado de ella. En el amor y en la guerra, se vale todo». Sin embargo, más allá del siniestro acosador, los empleadores espían a otros empleados a grados epidémicos porque se «preocupan» por la compañía. Sin embargo, una cosa es hacer que el público y el empleado sepa que esta «llamada telefónica está siendo grabada», y otra cosa es espiar secretamente mediante la tecnología disponible para monitorear los correos electrónicos, el uso de la Internet y el SPG [Sistema de Posicionamiento Global de un objeto] en un vehículo, etc. Mi posición es que permita que la persona sepa del control. No hay ningún problema con la rendición de cuentas. Lo que me atemoriza y ofende es cuando hago algo a sus espaldas.

¿Cómo sabemos si estamos espiando? ¿Estamos vigilando y tememos que nos descubran? Cuando tememos que nos descubran los mismos que buscamos atrapar, entonces somos espías.

El maternal

Una cosa es ser una madre que le dice a su hijo que tenga cuidado cuando maneja a la escuela. Aunque ella sabe que él no está prestando atención, de todos modos, se lo dice. Probablemente lo haga por temor a que algo malo pueda ocurrirle y ella no desea vivir con la culpa de no haberle dado una advertencia. O quizás le diga: «Ten cuidado», porque quiere que otros le digan lo mismo como una manera de expresar: «Estoy pensando en ti porque te tengo en mi corazón».

Sin embargo, hay otro tipo de maternidad que es inapropiado. En el trabajo, una empleada se conduce como madre con un colega varón diciéndole que se ponga la chaqueta y se peine, o le dice que tenga cuidado cuando conduzca de regreso a la casa porque los caminos están resbaladizos por el hielo. Aunque de ninguna manera ella está interesada románticamente por él, no obstante tiene un afecto especial por él como algo fraternal. (Las funciones pueden revertirse, de modo que el hombre muestre el mismo interés por la mujer). Sin embargo, ella necesita discernir si se siente cómoda con esto. Lamentablemente, ella es ciega a sus comentarios maternales que lo incomodan a él. Tal mujer tiene un deseo tan fuerte de ser necesitada que ignora el malestar en el rostro de ese hombre. Ella no se pregunta: *¿Estoy exagerando? ¿Hay límites aquí que no tengo derecho ni responsabilidad de cruzar? ¿Estoy buscando aprobación como persona?* Ella no debe permitir que su necesidad de dar atención supere su necesidad de tener discernimiento y prudencia. Finalmente, el colega varón le dirá: «Mira, no necesito que te portes como mi madre, ¿entiendes? Aprecio que te preocupes, pero estás aquí para desempeñar la tarea que te asignó la administración. No necesito que seas como una madre gallina». Al escuchar eso, ella se siente como apuñalada en el corazón y devastada. Esa noche, gime y llora del dolor que siente. Sin embargo, ella provocó eso por «preocuparse» aunque ese tipo de interés no se exige en el trabajo. Puede que ella tenga una personalidad jovial pero, como el resto de nosotros, ella debe desempeñarse conforme al código de conducta laboral. Ella no debe permitir que su atención por otro supere el protocolo o sobrepase los límites que otros tienen para sí mismos.

Sin saberlo una esposa puede mostrarse maternal con su esposo: «Esta noche cuando estemos con tu madre, pórtate jovial con ella. Háblale. Pregúntale cómo estuvo su día. Y cuando tomemos la sopa, por favor, no sorbas. Ella se avergüenza como si él tuviera diez años de edad, aunque ella crea que su conducta muestra cuánto se preocupa. Ese esposo se ha cerrado a su esposa años atrás. No la escucha. Cuando se señala eso, ella responde: «Bueno, él actúa como si tuviera diez años de edad». Y ella se pregunta, por qué nunca se muestra romántico con ella. ¿Quién quiere mostrarse romántico con su madre?

También esta figura maternal puede pasar sus límites al decir que a otros no les importa. El ejemplo clásico es Marta, la hermana de María (Lucas 10.38-42). Cuando Jesús visitó el hogar de Marta, ella se mantuvo ocupada con los preparativos para la cena mientras que su hermana María se quedó sentada a los pies de Jesús. Marta le dijo a Jesús: «Señor, ¿no te importa que mi hermana me deje servir sola? Dile, pues, que me ayude». Note dos cosas: Ella confrontó a Aquel que es perfecto en amor y no tiene que preocuparse. Segundo, ella le ordenó a Jesús que le dijera a su hermana que la ayudase. Las personas serviciales como Marta pueden ser algo arrogantes y mandonas, pero no se dan cuenta. ¿Puedo sugerirle que ella se extralimitó con el Hijo de Dios?

Antes que pulsar enviar, pregúntese: «¿Estoy *sobrepasándome con mi actitud maternal con alguien o lo juzgo equivocadamente como indiferente?*

El charlatán

Algunos nada tenemos que decir pero, de todos modos, hablamos. Eso no es fácil de hacer, pero lo hacemos. Por ejemplo, estamos en la sala de trabajo de una empresa con cinco personas clasificando y preparando documentos para su distribución, y comenzamos a charlar. En cierto grado, estamos siendo socialmente agradables, especialmente cuando contamos historias interesantes. Sin embargo, la charlatana Betty comenta acerca de la nueva papelera en el baño de damas que le recuerda que ella necesita conseguir una para el baño de su casa que acaba de pintar, el cual le tomó tres semanas para acabar de pintarlo porque ella no podía conseguir el color correcto. Eso le recuerda a su abuela, que solo tenía un baño en el patio de la casa y vivió hasta los noventa y dos años de edad, y que falleció en el hospital local, el cual ella acaba de enterarse que agregó un ala nueva para los adictos a drogas. Ella sigue hablando sin parar, diciendo mucho acerca de nada y, en cierto punto, a nadie le importa ya que todos han dejado de escuchar.

El charlatán siente la compulsión de hablar cuando nada hay que decir. Una persona que se identificó como charlatana dijo que hablaba por teléfono cuando repentinamente se dio cuenta de que sentía como si no tuviera control de lo que estaba hablando. Se sentía como una autómata, hablando sin parar. Lo que sorprendió a esa persona en un momento de iluminación es que en cierto punto se dio cuenta de que estaba pensando otra cosa mientras sus labios mantenían la conversación. Le asustó que no tuviera nada que decir, pero habló de todos modos, sin siquiera haber participado de su propia conversación. Eso exige talento.

El charlatán necesita plantearse varias interrogantes:

* *¿Hablo incluso cuando no necesito decir nada?*
* *¿Por qué siento que debo ser el que habla cuando nadie más está hablando?*
* *Cuando pienso en esto, ¿escuchan otros lo que hablo?*
* *Si no escuchan, ¿acaso se debe a que hablo mucho que otros se quedan dormidos?*
* *¿Me molesta cuando me interrumpen y que después nadie me pida que resuma lo que estaba diciendo?*
* *¿Acaso me importa continuar con lo que estaba diciendo?*
* *¿Recuerda alguien o yo más de lo que yo estaba hablando?*

Si las respuestas a estas interrogantes no son favorables, está hablando innecesariamente.

El exagerado

Una vez recibí un correo electrónico de una persona que escribió: **La semana pasada él dijo que quería el divorcio, lo cual había dicho antes, pero nunca lo hizo.**

¿Por qué el hombre dice que desea el divorcio? Porque intenta transmitir la profundidad de su dolor en la relación con ella. Hace un comentario extravagante con el deseo principal de que ella oiga su clamor y cambie. Por supuesto, eso suena como una amenaza o un ultimátum con fines egoístas para obligarla a hacer lo que él quiere. En vez de satisfacer la necesidad amorosa de su esposa, él habla innecesariamente para asustarla y hacer que ella haga ¡lo que él considera necesario! Imagínese.

En un momento de total frustración por no haber sido promocionada, una mujer vicepresidenta exclamó a todos los varones de su equipo de administración: «Siento que todos los varones de este equipo gerencial odian a las mujeres. Ustedes engañan a los demás para que piensen que se interesan por ellas, pero no es así. Dan la impresión a los de afuera de que no hay diferencia en esta organización, pero eso es una farsa». Ella no cree mucho de lo que dijo, pero lo dijo de todas maneras. Ella confiaba que ellos interpretarían el significado verdadero de sus palabras. Sin embargo, cuando decimos cosas no verdaderas, amables, ni claras, que obviamente son completamente innecesarias, hay un precio que pagar. Esa mujer fue relevada de su equipo administrativo.

Aquí tenemos un correo de una mujer que exageró su preocupación por su matrimonio:

Le dije a mi hermana, en confidencia, al menos eso pensé, que yo deseaba estar muerta o que mi marido lo estuviera, de manera que pudiera escapar de estas circunstancias... ella procedió a llamar a mi hija, que se preocupó. Y mi hija a su vez llamó a mi esposo. Bueno, por supuesto, eso fue muy doloroso y vergonzoso para él [mi esposo].... [Mi

esposo] dice que casi he matado todo sentimiento que
tiene por mí.

¿Por qué dice cosas como desear que él o ella estuvieran muertos? Ella quería despertar la empatía de su hermana,
pero no funcionó según lo planeó porque no era su intención
exagerar la realidad ni que eso pasara de una conversación
privada con su hermana.

Heridos, frustrados, enojados, confundidos u ofendidos,
estallamos con quejas innecesarias. No es nuestra intención
que se entienda como parece. Estamos tratando de hacer un
cambio en la situación de la relación. Tenemos la esperanza de
que las personas que nos rodean puedan interpretar nuestras
intenciones profundas y posiblemente rescatarnos dando una
disculpa y arreglando las cosas. Sin embargo, no sucede así,
no con frecuencia. Cuando hacemos comentarios inapropiados como: «Adelante, ¡pide el divorcio! ¡Te odio! ¡Nunca me
respetaste!», despreciamos lo que profundamente valoramos
en nuestro corazón: la reconciliación y la experiencia de amor
y respeto.

No podemos decirles a nuestros padres que son los peores
seres humanos del planeta como una manera de motivarlos
para sanarnos emocionalmente. No podemos decirle a nuestro jefe lo horrendo que se siente trabajar para él y luego esperar que procure crear un ambiente celestial para nosotros.

Al momento, podemos sentir que describimos francamente nuestros sentimientos, pero cuando nuestras pasiones
están fuera de control, exageramos la realidad. Tales exageraciones harán que otros desechen nuestras preocupaciones
profundas porque nos consideran desubicados, probablemente

irracionales. No importa cuán pura sea nuestra motivación para operar cambios justos, los demás se apartarán de nosotros.

El que interrumpe

Varias esposas me han comunicado frustraciones similares a la que una expresó en este correo electrónico:

> Él me interrumpe cuando trato de hablar; después me siento insultada, no escuchada… luego reacciono contra él elevando mi voz y diciéndole que me escuche. Trato de continuar, pero me interrumpe para decirme lo que estoy sintiendo o lo que él piensa que debo hacer. Me siento mucho más ofendida.

Todo eso no es necesario.

He oído a través de los años que en los negocios, los hombres interrumpen a las personas mucho más que las mujeres. Las mujeres se mantienen calladas por cortesía con la otra persona. Generalmente hablando, ellas ejercitan mayor sensibilidad. Al mismo tiempo, en el hogar la mayoría de las esposas critican y se quejan, de manera que sus esposos se retiran y las evitan cuando hay conflictos, lo que urge a las esposas a acercarse a ellos y hablar, sin que importe lo que sus esposos estén haciendo en ese momento.

Cualquiera sea nuestro género y contexto, todos debemos reconocer que cuando creemos que lo que queremos decir es lo más importante que debe decirse, estamos tentados a interrumpir.

Por ejemplo, dos personas están discutiendo un proyecto en la sala de conferencias y entra otra persona y les dice que acaba de recibir unos boletos para el juego de la Liga Nacional de Futbol americano. Esa es una muy buena información, pero es irrelevante a la discusión de esas personas e interrumpe la claridad de sus pensamientos. Además, su verdadera intención al interrumpirlas es su deseo de jactarse que el jefe le dio los boletos.

Algunas interrupciones son inocentes, no obstante molestas. Mi hija Joy me escribió un correo para decirme:

> Usualmente me encuentro con los últimos episodios de Bachelorette con amigos que están muy absortos en el programa televisivo. Sin embargo, se molestan cuando continuamente interrumpo comentando acerca de la edición y la actuación, sin mencionar los comentarios como: «¡No me digas!».

«Sin embargo, Emerson, ¿qué acerca del ámbito laboral? Yo tengo el control. Esas personas están bajo mi mando. Tengo autoridad aquí y debería poder hablar lo que pienso en cualquier momento». A este argumento, yo diría que los líderes más eficaces no son autoritarios. Son fuertes pero amables para preguntar: «¿Es este un buen momento para explicarle una situación a usted o sería mejor hacerlo después?». La mayoría de las personas accedería ante el líder y apreciaría la sensibilidad. Las personas saben que un líder tiene mayor responsabilidad y con ello vienen ciertos derechos, uno de los cuales es el de interrumpir. Sin embargo, él no debería ser rudo. El jefe puede decir: «Lamento interrumpir, pero tengo algunos puntos importantes que tratar que acaban de captar mi atención. Una vez más, pido disculpas por distraerte de tus tareas, así que gracias por permitirme hacer esto».

Esto nos vuelve a llevar a la regla de oro. Haz a otros lo que quieres que otros hagan contigo.

El quejoso

En mi último año en una escuela militar, tuve la buena fortuna de recibir varios premios significativos en mi graduación. Sin embargo, no recibí uno que quería, por lo que le expresé mi decepción a un colega cadete. Todavía recuerdo su sorpresa, su mirada de completa incredulidad y sus palabras: «Tus colegas de clase acaban de votar que eres el de mayor éxito y eso no es suficiente. Todavía quieres más». Dijo respetuosamente como amigo mío, pero podía percibir un elemento de incredulidad en él que expresaba algo muy egoísta y desagradecido.

En ese momento, con dieciocho años de edad y mucha vergüenza, reconocí algo repulsivo en mí. Me estaba quejando por no haber recibido un placer más. Yo quería, por así decirlo, quince regalos de Navidad, no doce. Para él, mis comentarios estaban fuera de lugar. Hasta este día, más de cuarenta años después, todavía recuerdo la vergüenza que sentí por haber hecho ese comentario tan ingrato. No era un comentario aceptable sino una queja basada en mi egoísmo carnal, y yo no lo había notado sino hasta que él me confrontó con mi mezquindad.

Quejarnos por lo que no tenemos nace de la vanidad. Sentimos que merecemos más de lo que ya tenemos. Pasamos por la vida diciendo: «¡Yo merezco eso, no ellos!». Todo eso suena muy trivial, excepto para nosotros.

Gran parte de lo nos quejamos cuando interactuamos con otras personas es innecesario puesto que radica en nuestro deseo de querer más de lo que ya tenemos. Terminamos siendo como la persona que dijo: «Me quejaba de no poseer un tercer par de zapatos hasta que vi a un hombre sin pies». La verdad es que, gran parte de nuestra vida es maravillosa, pero la llamamos despreciable.

Como cristiano, cuando me quejo de no conseguir lo que merezco (o pienso que merezco), necesito hacer una pausa y recordar que hay otro lado de lo que merezco. La verdad es que merezco el juicio de Dios por todas mis transgresiones, pero no recibo ese juicio porque me ha extendido su gracia y misericordia a través de Jesucristo. Eso debería detener algunas de mis quejas e impedir que hablara vanidades, frivolidades y cosas innecesarias por lo mal que me va. La verdad es que, podría ser peor y debería serlo. Y la verdad adicional es que, me va mejor de lo que debería irme.

El distractor

Cuando un niño de cuatro años de edad pregunta cómo nacen los bebés, les distraemos diciendo: «Mira a esa ave en el árbol. ¿Qué clase de ave es? Vamos a averiguarlo en nuestro libro acerca de las aves y después prepararemos galletas». Esa clase de distracción es apropiada y necesaria.

Hay otras distracciones que son menos apropiadas. Por ejemplo, los jueces y abogados no permiten información irrelevante o no pertinente al caso. Especialmente, no aprueban los comentarios inapropiados y que causan prejuicio (prejuzgar). Además, los jueces y los abogados no permiten que los testigos hablen cosas no relativas para evitar revelar la verdad. Es por eso que en la corte el juez exige: «Por favor, responda únicamente a la pregunta, nada más y nada menos».

Otro ámbito en el que observamos que una persona rehúsa sufrir una situación incómoda es cuando se entrevista a un político. El político evade el tema, rehusando responder a la pregunta. Esa puede ser una buena práctica o táctica para evitar información no popular. En efecto, ¿sabía que hay un arte para la distracción que la mayoría de los políticos emplea? Cuando se les interroga, responden con una pregunta, atacan la pregunta, atacan al interrogador, dicen que no saben o pasan a otro tema.

Cuando obramos como distractores, no somos falsos por así decirlo, pero estamos evitando los temas que preferimos no hablar. Eso puede ser muy sabio, u otros lo pueden interpretar cómo que no queremos hablar de un tema importante cuya información es necesaria para ellos. Hablamos de lo innecesario para evitar decir lo necesario.

El centro de atención

Al regresar de las vacaciones de verano, una profesora vio a un profesor que estaba en el pasillo y le preguntó: «¿Y qué tal fue tu verano Jasón?». Jasón comenzó a dar una descripción de treinta minutos acerca de lo que hizo durante sus vacaciones, Susana se entretuvo con varias de sus historias, riéndose de algunas. Cuando Jasón terminó, echó un vistazo a su reloj y dijo que tenía que irse, a lo que Susana replicó: «Bueno Jasón, hubiera sido bueno que me preguntaras cómo fue mi verano». Con un guiño en sus ojos Jasón respondió: «Francamente Susana, no me interesa».

Los narradores captan la atención del escenario. Algunos entretienen bastante. Tengo un amigo muy gracioso que cuenta las mismas historias en cualquier ámbito social pero todos, juntamente conmigo, disfrutan oyendo los mismos episodios una y otra vez. De hecho, sus amigos levantan los dedos para mostrar cuántas veces han escuchado un episodio en particular, pero le dejan continuar porque otra vez les ha hecho llorar de la risa. Sin embargo, muy pocos tienen esa entrañable habilidad. Casi cada persona que se enfoca en sí misma es egoísta, desea solamente escuchar su propia voz puesto que considera a los demás como relativamente irrelevantes. Observamos esto con ególatras intelectuales que hablan continuamente de lo que ellos valoran. Como dicen las personas: «Se deleitan oyéndose a sí mismos».

Una vez me encontré con las palabras de esa persona. Ellas captan el dolor de estar en las sombras cuando aparece el "centro de atención":

> Una o dos veces por semana me encuentro almorzando con mis compañeros de trabajo, o cenando con amigos, donde hay alguien que simplemente no se calla, o que habla muy fuerte, o que tiene poco que decir y le toma mucho tiempo expresarlo, o que siempre habla del mismo asunto. Es agotador y frustrante para otros a quienes les gustaría también compartir de vez en cuando sus propios pensamientos. ¿Por qué hacen eso y cuál es la mejor manera de tratar con ellos? Soy una persona callada. Disfruto de una buena conversación, pero me gusta que sea tranquila y relajada, y siempre hago un esfuerzo por incluir a otras personas cuando se puede. Algunas personas sencillamente carecen de habilidades sociales. Piensas que son divertidas y que su nivel de energía anima las cosas, cuando en realidad están evitando que otras personas disfruten de un buen tiempo.[2]

¿Eres un buscador de atención? ¿Este es el tipo de persona que quieres ser? No lo creo. Necesitas dejar de ser el centro de atención y poner la atención en las personas que te rodean. Ellas te amarán y te respetarán mucho más mientras muestras continuo interés en sus vidas.

El excesivo

Tengo un amigo que cuando comienza a hablar las cosas que le molestan, exclama con humor, como imitando lo que otros dirían: «¡Y una cosa más!». Me río porque sabemos que eso es exactamente lo que hacen las personas en conversaciones muy tensas.

Esta oración adicional mantiene la lucha vigente. Por ejemplo, una mujer critica a su marido por no acordarse de recoger su ropa de la tintorería y usa eso para probar que a él no le importa. Pero ella agrega: «Y una cosa más, te importa más tu mamá que lo que te importa de mí. La llamas dos veces a la semana pero nunca me llamas de esa manera. Y otra cosa más, administras mal el dinero como tu madre. De tal palo, tal astilla».

Es demasiado. Él se siente golpeado y abatido. Se cierra, y luego ella usa eso como algo más para probar que a él no le importa porque rehúsa hablar con ella de sus sentimientos.

Agregar de esa manera es comparable a acumular ocho piedras de doce kilogramos cada una sobre su cabeza hasta que él sienta que su cuello se quiebra. Esta es una carga muy pesada. Él no la puede soportar.

Las personas que se dan cuenta de su propensión a seguir acumulando me han dicho que suman lo que les ha molestado de la otra persona cuando están argumentando, aunque nada tenga que ver con el asunto en discusión. También admiten que a menudo hablan lo que no es necesario porque no creen que sea suficiente hablar solamente lo necesario. Y muchos han expresado que nunca se dan cuenta de que sus constantes críticas estaban afectando a la otra persona.

Y una cosa más, ¿se siente culpable de decir siempre: «Y una cosa más»?

El inoportuno

Dentro de la comunidad eclesiástica, a menudo oímos que las personas fácilmente confiesan que pueden sermonear a los de su entorno, ya sea en el hogar o en el trabajo. Aunque ellas no se paren en una esquina o calle con una pandereta y una Biblia, transmiten su sentir de que deberían orar más y ser pacientes.

Cuando damos demasiados sermones, los oyentes cierran sus oídos ante nosotros. Una persona confesó que emplea palabras para amonestar, insistir, quejarse y protestar por eso. Reconoció que todo era innecesario y provocó resentimiento en otras personas.

Aunque Pablo pregunta en el libro de Romanos: ¿Y cómo oirán sin haber quien les predique? (Romanos 10.14), también Pedro instruye a ciertas personas a que se abstengan de usar palabras cuando estas no están siendo oídas (1 Pedro 3.1-2). Muchos hemos oído eso de que «predica el evangelio y si es necesario usa palabras».

Mire lo que algunas personas me escribieron:

- He llegado a concluir que quizás este es uno de esos tiempos que Dios me está diciendo que mantenga la boca cerrada y solamente siga orando.
- He decidido mantener mi boca cerrada (por primera vez), escuchar, leer y dejar que Dios me muestre.

- Continúo orando y ¡mantengo mi boca cerrada!
Imagina lo que pasó… creo que Dios hizo un milagro porque opté por controlar mi lengua y mi actitud.

Necesitamos permitir que Dios sea Dios en la vida de la otra persona. Como está inscrito en una camiseta: «Él es Dios, no tú». Antes que pulsemos enviar, debemos preguntarnos si los demás percibirán esta comunicación como si estuviéramos hablando de sus pecados. ¿Necesitamos borrar esta comunicación por el momento y, en vez de eso, orar y servir a esas personas?

¿Por qué debemos comunicar lo que es necesario?

La otra persona necesita oír lo que es necesario. En nuestra décima sesión de consejería matrimonial para parejas en crisis *Amor y Respeto*, después de cinco sesiones proveemos a las parejas un formulario de evaluación al que llamamos *principales asuntos del corazón*. Hay siete de ellos: falta de dominio propio, falta de perdón, egoísmo, orgullo, engaño, pereza y falta de fe.

A medida que la relación profundiza entre la pareja mentora y la pareja en crisis, pedimos a la pareja en crisis que responda varias preguntas clave acerca de su propio corazón. Es un informe personal de cada uno. Hacemos esto porque usualmente uno de los siete asuntos sabotea cualquier intento de avance como esposo y esposa. Después que ellos devuelven el informe de sí mismos, basado en una serie de frases que podría identificarlos, generalmente surge uno de los siete puesto que sus respuestas proveen un cúmulo de aspectos similares. Después resaltamos, entre sus propias críticas, el área que ellos necesitan confrontar. Hemos notado que si no damos pasos para señalar lo que es necesario que ellos noten acerca de sí mismos, les será muy difícil avanzar. Ya que nos interesamos por ellos, transmitimos lo que sea necesario que oigan de su autoevaluación. Lo maravilloso es que la mayoría de las personas son muy agradecidas cuando saben que estas se comparten debido a una carga por ellos y un deseo para que experimenten lo mejor de su persona.

¿Significa esto que todos responden de manera positiva? No. Por ejemplo, a través de los años he tratado de animar a los cristianos a confiar en Dios y a seguir su voluntad con sus vidas. Trato de honrarles con la noble visión de permanecer fiel al Dios que aman y que les ama. No predico, comparto. Sin embargo, después de oír mi desafío, algunos cristianos carnales deciden tomar su propio camino. Nunca más escucho de ellos. Aun así, sé que mi silencio puede privarles de su necesidad de avanzar según Dios propone. Si permanezco en silencio, restringiría sus opciones. Me considero como uno que les da el derecho a rehusar. Les doy la oportunidad de oír la buena noticia del plan fundamental y amoroso de Dios para ellos.

Winston Churchill dijo: «Puede que la crítica no sea agradable pero es necesaria. Cumple la misma función que el dolor en el cuerpo humano; el cual señala el desarrollo de un estado de cosas no saludables».[3]

Usted necesita hacerse esta pregunta: *Cuando las personas con las que me asocio deban oír la verdad necesaria, hablada de manera bondadosa y clara, ¿me atreveré a decírsela?* El silencio no siempre es oro.

Nosotros mismos debemos probar que tenemos el coraje para hacerlo. Mi esposa y yo, juntamente con millones de personas, disfrutamos la película *The Help* [*Criadas y señoras* (en España) e *Historias cruzadas* (en Hispanoamérica)]. La película, basada en el contexto de Jackson, Mississippi, en 1960, capta las experiencias opresivas de las mujeres negras que trabajaban en los hogares de los blancos como «criadas». De hecho, esas maravillosas mujeres negras fueron las que criaron a los hijos de los blancos.

Una hija de blancos, Skeeter, fue criada por Constantina, una mujer negra. Después de ir a la universidad Skeeter se entera que su madre —Charlotte— había despedido a Constantina, que trabajó fielmente por treinta años para su familia. El despido de Constantina sucedió cuando un grupo de mujeres blancas, ciertas personalidades, cenaban en el hogar de Charlotte en el momento en que la hija de Constantina llegó al hogar después de salir de la universidad y entró por la puerta principal, lo cual era hacía desde su infancia. Una de las mujeres confrontó a Charlotte sobre esa conducta escandalosa puesto que las personas negras debían usar la puerta trasera. Esa mujer le exigió a Charlotte que pusiera las cosas en su lugar. En vez de defender valientemente a Constantina, Charlotte cedió ante el racismo de la cultura y despidió a Constantina.

Más tarde Charlotte le confiesa a Skeeter su horrible cobardía y dice: «El valor a veces se salta una generación». Ella elogia a Skeeter por tener el valor de hablar con franqueza en su libro *Criadas y señoras*, que expone la injusticia arrogante hacia las fieles mujeres negras.

¿Tenemos que pulsar enviar? Sí, es muy necesario cuando aquellos que nos rodean comunican lo que intencionalmente no es verdad, ni bondadoso, ni necesario ni claro. Tenemos una obligación moral. Debemos

- corregir sus mentiras intencionales con la verdad,
- bondadosamente confrontar su deprecio intencional,
- señalar que lo que dijeron fue intencionalmente innecesario y
- ser claros con ellos señalándoles el punto en que fueron intencionalmente confusos.

Daré cuenta ante Dios no solamente por las palabras innecesarias que hablé sino también por no hablar lo que era necesario.

Hemos hablado de que nuestro Padre celestial nos ama y escucha nuestras conversaciones. Así como el Padre tiene contados hasta los cabellos de nuestras cabezas (Mateo 10.30), también sabe toda palabra vana que decimos (Mateo 12.36). Puesto que Jesús dice que esto es importante, es importante. Uno de los mayores incentivos para decir lo que es necesario es saber a qué nos llama Dios a hacer. Hacemos esto por confianza y obediencia a Dios, por amor y reverencia a él.

¿Cómo podemos responder a otros que hablan lo que es innecesario?

- AL INDISCRETO («Creo que di información útil, pero algunos dicen que se sienten abrumados, eso es lo que ellos dicen»), dígale:

  «Por lo general aprecio la información que das. Sin embargo, menos es más cuando das muchos detalles y me llenas de datos que me abruman; lo que hace que no te quiera escuchar».

- AL EXPLOSIVO («Tengo que ventilar mis sentimientos reprimidos; no es saludable reprimir mi negatividad»), dígale:

    «No tengo ningún problema que quieras compartir tus verdaderos sentimientos. Tienes buena intención. Sin embargo, cuando estallas para ventilarte a costa mía, tus palabras se sienten como lava derretida, muy caliente».

- AL VULGAR («Admito que mis palabras no son apropiadas, pero otros no deberían ser tan puritanos»), dígale:

    «He encontrado a muchas personas que mantienen una excelente reputación y significativa influencia, pero no te sobrepases con bromas y tonterías; eso simplemente no es necesario».

- AL INOPORTUNO («Lo que dije era verdad; no importa si fue inoportuno y en el lugar equivocado»), dígale:

    «Lo que me dijiste era verdad, pero no necesitaba recibir la información en ese momento o en ese lugar. Por favor, piensa en cuándo y dónde estamos antes de compartir conmigo».

- AL CHISMOSO («Debo ser el primero en saber y contar, aunque, supongo, parte de eso no es asunto mío»), dígale:

    «Me cuentas cosas de otras personas que no debería saber. No soy parte del problema o la solución, ni lo eres tú. Vamos a parar, después de que me asegures de que no hablarás de mí así».

- AL ENTROMETIDO («Aunque no sepa los detalles, tengo que inmiscuirme para poder avanzar mi causa»), dígale:

«Un interés sincero en las actividades diarias de otros es bueno, pero ser tan inquisitivo está fuera de lugar porque es una invasión a la privacidad y dice mucho acerca de tu deseo malsano de generar intriga».

• AL IMPREDECIBLE («Sí, sin pensar digo cosas innecesarias, pero no con mala intención»), dígale:

«Tienes un corazón muy bueno, pero cuando estamos con otros, no siento la confianza de que guardarás mis confidencias. Hablas de cosas privadas que otros no deberían saber, y eso duele».

• AL DESATENTO («Admito, escucho a medias hasta que pueda decir lo que quiero decir»), dígale:

«Necesito que oigas mis preocupaciones, después habla. Tenemos dos oídos, una boca; ¿acaso no deberíamos escuchar el doble de lo que hablamos? No digo esto para herirte sino para expresar mi necesidad de ser escuchado».

• AL REPETIDOR («Tengo que revisarlo otra vez. No puedo dejarlo y seguir adelante hasta que me sienta bien»), dígale:

«Si otros nos maltratan, no tenemos que reiterar el incidente. Es innecesario y poco saludable. Y cuando busquen nuestro perdón y cambien sus conductas, reiterarlo solamente revela nuestra inseguridad, no su falta de sinceridad».

• AL ABATIDO («Tengo penas, ¿entiende? Busco a cualquiera que quiera oír mis cargas»), dígale:

«Sentir lastima por ti mismo no siempre es malo. Los momentos de melancolía pueden estabilizarnos. Sin embargo, no debes permanecer en ese estado por mucho tiempo o invitar que otros participen. Tu sentimiento de lástima por ti mismo es excesivo».

- AL ESPÍA («No lo considero como espionaje, sino como control de sus errores para ayudarlos a mejorar»), dígale:

   «No puedes vigilar a una persona las veinticuatro horas del día los siete días de la semana, e incluso si pudieras, ¿confrontarías cada detalle cuestionable? No es necesario vigilar y reportar cada acto de los otros».

- AL MATERNAL («Cuando otros no me están escuchando, lo digo de todas maneras porque me preocupo»), dígale:

   «Confrontas porque te importa. Sin embargo, no disciernes cuando pasas los límites; no tienes el derecho ni la responsabilidad de corregir a otros».

- AL CHARLATÁN («No me gusta el silencio, de manera que lo lleno con lo que sea que pienso en el momento»), dígale:

   «Parece que el silencio te molesta, y hablas al azar. Hablar un poco está bien, pero cada momento no tiene que llenarse de palabras. Tu silencio también provee a otros la oportunidad de comentar».

- AL EXAGERADO («Sinceramente, despierto simpatía y cambio, súbitamente exagero la realidad»), dígale:

   «Hablas de tu asunto sin proporción, como cuando dices: "A nadie le importa". Esto quizás capte nuestra atención, pero a largo plazo no gana nuestra empatía. No consideramos todo eso como real».

- AL QUE INTERRUMPE («Las personas me dicen que les interrumpo innecesariamente, pero lo que digo es importante»), dígale:

   «Lo que dices tiene valor. Eres importante. Lo que otros dicen tiene valor. Ellos son importantes. Cada uno debe tener la oportunidad de participar en la conversación sin ser interrumpido».

- AL QUEJOSO («Cuando no consigo lo que quiero, no soy feliz y siento que es mi derecho quejarme»), dígale:

«A cierto nivel me honra que me incluyas en tus quejas, pero francamente ninguno de nosotros tiene una vida perfecta, y es más renovador ser agradecido que resentido».

- AL DISTRACTOR («Me rehúso a ser el centro de atención, de manera que distraigo a otros con asuntos irrelevantes»), dígale:

«Hasta ahora he supuesto que tú y yo tenemos respeto mutuo, pero estás evadiendo mis preguntas cambiando continuamente de tema y hablando al azar».

- AL CENTRO DE ATENCIÓN («Otras personas son calladas y aburridas, de manera que ocupo el centro de atención con mis intereses»), dígale:

«Me agrada tu narrativa. Me entretienes. Sin embargo, seguramente hay algo que tenemos en común de modo que podamos dialogar».

- AL EXCESIVO («Cuando estoy molesto, pienso en cosas extras y las digo; para mí eso no es ajeno al tema»), dígale:

«Sé que te fallé. Ambos nos hemos fallado. Sin embargo, no continúo agregando algo nuevo durante nuestros argumentos. Tratemos de mantenernos en el tema y hablar de una sola cosa a la vez».

- AL INOPORTUNO («Quizás debería esperar calladamente en oración, pero siento que ellos necesitan oírlo ahora»), dígale:

«Deberías hablar con Dios acerca de otros antes de hablar a otros acerca de Dios. Pide a Dios discernimiento si es necesario decir lo que quieres. Quizás debes servir más. Tú sabes, predica a Jesús y, si es necesario, usa palabras».

Conclusión

Es probable que piense que después de discutir extensamente sobre la importancia de hablar la verdad en todo tiempo, y hacerlo con bondad, eso «necesario» esté algo bajo en la escala de importancia y sea algo en lo cual no perder mucho tiempo para preocuparse ahora. Sin embargo, antes de continuar con el próximo capítulo —y pierda vista de este—, permítame recordarle otra vez lo que Jesús dijo en Mateo 12.36-37: «Pero Yo les digo que de *toda palabra vana que hablen los hombres*, darán cuenta de ella en el día del juicio. Porque por tus palabras serás justificado, y por tus palabras serás condenado».

De manera que si usted es un excesivo, un quejoso, un impredecible o cualquier otro de los que hemos mencionado, recuerde la advertencia de Jesús acerca de que «toda palabra vana que hablen los hombres». Cada palabra de su boca tiene importancia. Cada palabra. Conforme a nuestro bondadoso Señor, no puede borrar las palabras que habló en la vida.

CAPÍTULO 4

¿ES CLARO?

Meditación bíblica acerca de hablar claro

- 1 Corintios 14.9—Así también ustedes, a menos de que con la boca pronuncien palabras inteligibles, ¿cómo se sabrá lo que dicen? Pues hablarán al aire.
- 1 Corintios 14.10-11—¡Quién sabe cuántos idiomas hay en el mundo, y ninguno carece de sentido! Pero, si no capto el sentido de lo que alguien dice, seré como un extranjero para el que me habla, y él lo será para mí (NVI).
- Colosenses 4.3-4—Oren al mismo tiempo también por nosotros... para manifestarlo como debo hacerlo.
- 1 Timoteo 1.7—Aunque no saben lo que dicen **ni entienden** las cosas acerca de las cuales hacen declaraciones categóricas.
- 1 Corintios 1.12; 5.10; 10.19—Me refiero... no me refería... ¿Qué quiero decir, entonces?
- Efesios 4.9—Esta expresión: «Ascendió,» ¿qué significa...?
- Hebreos 12.27—Y esta **expresión**: Aún, una vez más, **indica.**

- Eclesiastés 12.9—Reflexionó, **investigó** y compuso muchos proverbios.
- Eclesiastés 12.10—Y de escribir correctamente palabras de verdad.
- Lucas 1.3-4—También a mí me ha parecido conveniente, después de haberlo **investigado todo** con diligencia desde el principio, **escribírtelas ordenadamente**, excelentísimo Teófilo, para que **sepas la verdad precisa** acerca de las cosas que te han sido enseñadas (instruido oralmente).
- Hechos 11.4—Comenzó a explicarles en **orden lo sucedido**.
- 1 Corintios 1.17—No con palabras elocuentes.
- Efesios 3.4—Leyendo, podrán **entender mi comprensión**.
- 2 Pedro 3.16—Todas sus cartas... en las cuales hay algunas *cosas* **difíciles de entender**.
- 2 Corintios 1.13—Porque ninguna otra cosa les escribimos sino **lo que leen y entienden**.
- Deuteronomio 27.8—Escribirás **claramente** todas las palabras de esta ley (NIV).
- Marcos 8.32—Y les **decía estas palabras claramente**.

Comunicar lo que es claro

¿Es la comunicación clara para los demás? Cuando era jovencito, tuve un perro dálmata al que le puse por nombre Fuego. El perro se escapó de nuestro patio, así que lo busqué por todo el vecindario llamándolo: «¡Fuego!, ¡Fuego!, ¡Fuego!». La señora Lintz salió corriendo de su casa gritando: «¿Dónde?». Le respondí gritando: «No lo sé». Ella dijo: «¿Dónde está el fuego?». Otra vez, le dije: «No sé, lo estoy buscando». Ella preguntó: «¿De qué estás hablando?» Le dije que de mi perro, Fuego, que estaba perdido. Poco después llamó a mis padres. Le cambiamos el nombre a mi perro por Flyer.

¿Es mi comunicación clara para mí? Un colega dijo: «Puede que no sea divertido o atlético o de buen parecer o inteligente o talentoso... con todo lo que dije, olvidé lo que iba a decir».

Aunque nos reímos, esto representa la manera de hablar diariamente de algunos. Olvidan la esencia de lo que están tratando de decir. Necesitamos tener claridad de lo que decimos; de lo contrario los receptores quedarán más confundidos. Como pastores, decimos: «Si hay confusión en un púlpito, hay confusión en la banca».

Anthony Hope Hawkins comentó: «A menos que uno sea un genio, mejor es intentar ser claro».[1] Y aunque uno sea un genio, aprende maneras de comunicarse claramente a varios grupos. Una cosa es hablar a un grupo de académicos acerca de lo que hacemos. Pero es otra cosa cuando explicamos a nuestra abuela lo que hacemos. Probablemente ella no capta el lado académico, pero cada experto da ejemplos que permiten a los laicos entender un cierto nivel. Un genio de buen corazón es muy sensible para hablar por encima del nivel de comprensión de otros y hacerlos sentirse estúpidos, sin embargo usa su inteligencia para contar historias y analogías que ilustran con claridad de modo que un estudiante básico pueda entenderlos.

El punto que quiero resaltar es que podemos y debemos ser claros basados en los diferentes públicos con quienes nos comunicamos. La verdad que otro necesita saber, puede y debe ser clara, y podemos y debemos transmitirla con bondad.

La importancia de comunicar con claridad

La claridad comienza en nuestro corazón. Proverbios 15.28 afirma: «El corazón del justo medita cómo responder». Leemos en Proverbios 16.23: «El corazón del sabio enseña a su boca y añade persuasión a sus labios».

Cuando nuestro corazón no está en ello, no meditamos ni nos instruimos. Carecemos de un corazón diligente para ser organizados, específicos, precisos, elocuente y coherentes. Por otro lado, cuando nuestro corazón desea comunicar la verdad, la bondad y lo necesario, también nuestro corazón deseará comunicarlas claramente.

Como ya dije, practiqué las primeras tres para hablar con bondad la verdad y lo necesario, pero me di cuenta que no todos me entendían porque no era claro. Tuve que tomar la decisión de pensar en mejores maneras para responder. Era necesario que yo aprendiera cómo persuadir mejor de lo que había sido.

Cuando las personas que nos rodean dicen: «No entendí bien tu punto. ¿Qué querías decir exactamente?», necesitamos refinar nuestras habilidades relativas a una comunicación clara.

El mejor de los comunicadores se queda corto. Observé a un famoso editor que preguntaba a un reconocido autor: «¿A qué te refieres aquí en lo que escribiste?». El autor explicó a qué aludía. El editor replicó: «Entonces, ¿por qué no dijiste eso?». Esa escena, que observé desde otra sala, se grabó en mi mente por décadas.

Incluso si un gran comunicador debe continuar mejorando sus habilidades, ¿qué del resto de nosotros? ¿Somos comunicadores ambiguos porque somos comunicadores perezosos? ¿Debemos exigirnos más para ser claros respecto a lo que queremos decir? ¿Necesitamos poner más nuestro corazón en mejorarnos? Debemos interesarnos ampliamente para ser claros.

La regla de oro de la comunicación

A nadie le gusta cuando las personas no son claras respecto de la verdad. No nos gusta preguntar: *¿Dijeron ellos eso de una manera desagradable y no respetuosa?* Y, con aquellos que divagan, nos frustramos tratando de imaginar cuál es el punto esencial que tratan de resaltar. Nos molestamos con los comunicadores ambiguos y los comunicadores perezosos. No favorecemos a los que carecen de la disciplina para enunciar bien, escribir legiblemente y usar la gramática apropiadamente. Nos sorprende darnos cuenta que si la persona hubiera vuelto a leer lo que había escrito antes que pulsara enviar, esto no hubiera parecido poco inteligente.

No disfrutamos de tener que preguntar: «¿A qué te refieres con lo que acabas de decir? ¿Dónde pasó esto y cuándo? ¿Quién está involucrado? ¿Por qué recién ahora estoy oyendo de esto y cómo ocurrió? No me diste ninguna razón. ¿Cómo esperas que respondamos?». Esperamos que otros piensen muy bien para responder claramente las interrogantes qué, cuándo, dónde, por qué y cómo.

Sin embargo, esto plantea la pregunta: ¿Adoptamos las mismas pautas para nosotros mismos?

¿Por qué comunicamos lo que no es claro?

Puesto que se ha comprometido a comunicar lo que es verdad, bondadoso y necesario, ¿tiene usted malentendidos con los miembros de su familia, amigos o cualquiera con quienes interactúa? Estamos de acuerdo que ciertas personas no oyen con atención, pero el otro lado es que no nos comunicamos claramente. ¿Por qué ocurre eso? Considere la lista siguiente. ¿Le resultan familiares algunos de estos tipos de personalidad? Si es así, considere el comentario acerca de la razón por la falta de claridad.

EL DESATENTO: A veces cuando estoy hablando, no me doy cuenta de que otros no saben lo que yo sé.

EL MÍSTICO: Sé lo que quiero decir. Solo que no puedo decirlo.

EL TEJEDOR: Empiezo a hablar acerca de un tema, pero puede desencadenarse una red de puntos no relativos.

EL MALINTERPRETADO: No quise decir eso como ellos lo interpretaron, pero sí, esas fueron mis palabras.

EL INCOMPLETO: Ocasionalmente obvio cosas importantes porque fallo en responder las principales interrogantes.

EL IGNORANTE INTENCIONAL: A veces hablo sabiendo que no estoy informado o que estoy mal informado.

EL DESORGANIZADO: No siempre pienso bien ni estoy bien organizado.

EL PRESUNTUOSO: Otros no comprenden porque son estúpidos. Pero yo no soy así. Yo soy claro.

EL BROMISTA: Trato de ser divertido, pero otros lo perciben como sarcasmo y malinterpretan.

EL IMPULSIVO: Confieso. Cuando me siento rechazado, reacciono en lugar de editar tranquilamente lo que digo para ser claro.

EL APRESURADO: Sí, a veces soy difícil de seguir. Hablo tan rápido y hago comentarios impulsivos.

EL IRRESOLUTO: No me parcializo en un asunto para evitar problemas con ambos lados.

EL INTEMPERANTE: Cuando estoy molesto, reacciono de maneras que parecen no razonables y confusas.

EL INDECISO: Sí, cuando soy indeciso, mi demora deja a otros en duda acerca de mis deseos.

EL RELATIVO: Soy indiferente ante mis contradicciones. La verdad es lo que digo en el momento.

EL HUMILDE: No quiero dar la impresión de que me autopromociono, de manera que cubro mis capacidades.

EL HIPERSENSIBLE: Por no querer herir a las personas, reprimo lo que claramente es la verdad.

EL SEVERO: Las palabras que hablo son sinceras y claras, pero mi tono severo confunde a las personas.

EL CANSADO: No pienso ni me comunico bien cuando estoy muy cansado, especialmente por la noche.

EL MIEDOSO: Cuando estoy espantado, me vuelvo loco y dejo a otros alarmados y en incertidumbre.

EL HIPÓCRITA: Admito que mis palabras suenan huecas cuando mis acciones no concuerdan con mis palabras.

El desatento

Me reuní con quince profesionales para que me dieran su comentario a este libro. Grabé nuestra reunión y había transcripto todo el contenido. Después de revisar las transcripciones, me sorprendí de cuánto no me había dado cuenta. Además, hubo varios momentos cuando algunos recomendaron que hiciera esto o aquello. Y pude notar que pensaban que yo sabía cómo hacer eso o aquello como si el asunto fuera como la palma de mi mano. Recuerdo haber pensado cuando les escuché: *No estoy seguro que sabría cómo hacer eso que están sugiriendo*. Curiosamente, durante ese tiempo, no le dije a ninguno de los presentes: «No sé de lo que estás hablando, no exactamente», o «Eso no está claro para mí». Solamente continuamos hablando. Ellos no se percataron de que yo no sabía lo que ellos sabían. Simplemente supusieron que yo sabía lo que ellos sabían. Ninguno preguntó: «Emerson, te dimos mucha información, ¿hay alguna que no te resulte clara?».

Un amigo mío, un gran negociador y constructor, conversa con sus clientes y las personas para hablar acerca de su propuesta, pero lo hace con explicaciones breves. Después les pregunta: «¿Tiene esto sentido?». Y continuamente solicita sus comentarios al respecto. Como sus proyectos cuestan decenas de millones de dólares, y para que reciba aprobación, son necesarias las firmas de los municipios y las organizaciones, él sabe que es clave que nunca debe suponer que el otro compraría lo que él vende, o que comprende todo lo que él dice. Incluso cuando las personas dijeron que tenía sentido, les preguntaba: «¿De qué manera tiene sentido para usted?».

Cuando hablamos con otros, muchos aparentarán como si supieran lo que sabemos, pero debido a que la mayoría de nosotros es inseguro y nadie quiere parecer estúpido, pocos optan por decir: «No sé de lo que estás hablando». Las personas incluso menean la cabeza y el presentador puede suponer que entienden y están conformes, pero descubre después que no captaron nada. Estábamos hablando acerca de multiplicación y división, pero ellas no han aprendido a sumar ni restar. Aunque todo lo que comunicamos con bondad acerca de la multiplicación y la división sea verdad y necesario, previamente debimos comunicar la verdad y lo necesario respecto de la suma y la resta. Nos adelantamos y confundimos a los demás.

Antes que pulsemos enviar, debemos preguntar: *¿Entiende esta persona lo que estoy diciendo?* Cuando no percibimos la ignorancia de la otra persona pero le hablamos como si ella supiera lo que sabemos, no somos claros.

El místico

Cuando decimos: «Sé lo que quiero decir; solo que no puedo decirlo», realmente no sabemos lo que queremos decir. Pensamos con palabras. Si no tenemos las palabras en la mente, entonces no sabemos lo que queremos decir.

Es cierto, tratar de imaginar exactamente qué es lo que sentimos o pensamos, exige reflexión. Necesitamos meditar acerca de lo que pensamos y sentimos. Por ejemplo: *¿Por qué estoy deprimido? Estoy deprimido principalmente porque mi hijo enfermo tiene gripe, o estoy deprimido esencialmente por la pelea que tuve con mi esposa?* A veces ignoramos lo que nos molesta profundamente. Eso difiere de decir: «Sé claramente lo que me molesta profundamente, pero me resulta imposible contarlo a nadie, cualesquiera sean las palabras».

Cuando buscamos informar, sabemos bien la información o no la sabemos. Cuando buscamos persuadir a otra persona, sabemos bien la meta de nuestra persuasión o no la sabemos. Cuando buscamos afectar el corazón de otra persona con palabras de amor, sabemos bien lo que deseamos decir acerca de nuestro afecto o no lo sabemos.

«Pero, Emerson, yo puedo decir lo que pienso, pero aun así me sale mal». Mientras digas lo que pretendes, ya has dicho la mitad. Ahora solamente necesitas desarrollar la habilidad de comunicarte mejor de lo que intentas. Necesitas organizar tus pensamientos y comunicarlos de una manera ordenada.

Incluso el apóstol Pablo procuró transmitir lo que pretendía decir. Leemos comentarios tales como: «me refiero a», «no me refería a», «¿qué quiero decir, entonces?» (1 Corintios 1.12; 5.10; 10.19). Pablo explica en lenguaje claro.

Él mismo dijo en 1 Corintios 14.9: «Así también ustedes, a menos de que con la boca pronuncien *palabras inteligibles*, ¿cómo se sabrá lo que dicen? Pues hablarán al aire». Pablo incluso pidió que oraran por él. A los colosenses les escribió: «Oren al mismo tiempo también por nosotros... para manifestarlo como debo hacerlo» (Colosenses 4.3-4).

Nunca pulse enviar una comunicación en la que haya escrito: «Sé lo que quiero decir. Solo que no puedo decirlo». Primero piense cómo decirlo.

El tejedor

Las personas que hablan entrelazando tópicos pueden ser coherentes y saber exactamente adónde se dirigen en la conversación, pero otros pueden perder el hilo de lo que está diciendo.

Recuerdo a una mujer, una buena amiga nuestra, a la que le encanta contar historias. Y cuando seis u ocho parejas nos reuníamos para cenar en el hogar de uno de ellos, ella comenzaba a contar una. Lo que me parecía fascinante eran las mujeres sentadas al borde de sus asientos mientras la otra contaba lo que le había sucedido el día anterior. Sin embargo, a los demás, nos parecía totalmente sin enfoque. Estuvo en la tienda, después vio a una maestra entrada ya en años que tuvo en la escuela secundaria, lo cual provocó un comentario de cuánto le desagradaba la clase de historia, y le recordó también a su madre anciana con la que tuvo que hablar para que fuera al centro de jubilación donde brindaban excelente servicio médico, y eso le trajo a la memoria un médico que trabajaba allí al que ella solía cuidarle sus niños, quien todavía no sabe cómo armonizar su vestimenta, por eso ella le preguntó: «¿Te gusta este nuevo traje que llevo puesto?». Mientras ella hablaba, un pensamiento despertaba otro, y este a su vez despertaba otro más. Nada parecía completo y nada parecía conectado.

Mientras la observaba, noté que tenía media docena de puntos sin conectar. La mayoría de las mujeres se reían de su humor mientras seguían todo su relato. Al mismo tiempo, los varones lucían enajenados, dos se quedaron dormidos, y creo que su esposo llamó al centro de jubilación para averiguar si había lugar para él. Pero al final, ella conectó todos los puntos importantes. Aunque algunos quedaron sueltos, otros fueron tejidos maravillosamente en una narrativa que nos hizo reír.

Algunos tejedores de relatos son divertidos. Si no estamos en ese campo, y encontramos que las personas preguntan: «¿A dónde exactamente quieres llegar con esto?», necesitamos controlar nuestros pensamientos. Necesitamos mantener cualquier cosa que deseemos decir en tres puntos simples, especialmente cuando presentemos un tema.

En primer lugar, usualmente los predicadores emplean tres puntos siempre porque eso es todo lo que las personas pueden recordar o seguir. Si tenemos puntos adicionales, esperamos que sea bajo uno de los tres principales. Los buenos comunicadores son tan sencillos como sea posible, no solamente para recordar lo que han dicho sino para saber adónde quieren llegar en primer lugar o lo que recién dijeron. Un antiguo predicador solía decir: «Les digo lo que les voy a decir. Entonces les digo. Después les digo lo que les dije».

En el mundo actual, con acceso fácil e inmediato a muchas fuentes de información, una persona que dé una tonelada de información sin conexión aparente especialmente será ignorada. La mente del oyente no puede procesar la incoherencia.

El reprendido

Hemos oído la expresión: «Di lo que pretendes, y comunica lo que pretendes».

A veces al calor del momento decimos cosas que no queríamos. Exageramos. Un esposo grita: «¡Nadie podría amarte!». Sin embargo, no lo dice en serio. Su intención es decir: «No me gustas ahora por causa de tu actitud. No mereces ser amada». Él está herido y enojado. Por supuesto, ¿qué esposa no va a personalizar lo que él dijo? Sintiéndose rechazada, ella responde: «¡Me odias! Siempre me odiaste. Nunca me amaste». A partir de ahí las cosas comienzan a subir de tono.

Las expresiones «nunca» y «siempre» conducen al conflicto. Durante los problemas, es mejor refrenarse de este tipo de comentarios. Son desconsiderados e impertinentes.

Una esposa me dijo: «Ahora comprendo que cuando menciono algo material (como un nuevo automóvil, una nueva casa o nuevos aparatos domésticos) lo toma muy en serio y se siente mal por no poder *proveerme* todo lo que quiero. Le expliqué que solamente hago comentarios respecto a algo, pero eso no significa que lo quiera, más bien, solamente lo admiro».

Necesitamos retractarnos cuando decimos cosas que se malinterpretan. Una mujer me presentó a su hija Joy, diciendo: «Esta es Joy. Ella es la que hace todos los videos en la Internet y a menudo no le importa cómo luce». Joy respondió: «¿Qué dijiste?». La mujer respondió: «Oh, no lo dije con esa intención». Porque Joy había publicado fotos de su infancia, especialmente durante esos años torpes de la escuela secundaria cuando usaba frenillos y pesaba más de lo conveniente; por lo que muchos se han asombrado de su transparencia. La mayoría se relaciona con ella pero no se atreve a hacer lo que hace porque carecen de confianza. A pesar de todo, esa mujer dijo algo sin pensar. Lo que ella pretendía decir era más positivo, pero todos los que oyeron la percibieron como ofensiva hacia Joy.

Una persona me escribió: «Antes, realmente no consideraba cómo [esa persona] interpretaría lo que dije, siempre y cuando le dijera lo que yo sentía. [Ahora]… parece que ya no soy tan impetuosa». Ella piensa antes de hablar.

Solamente porque tengamos buenas intenciones no es razón suficiente para creer que otros saben nuestras intenciones. Si decimos con frecuencia: «No era mi intención decirlo como suena», necesitamos esforzarnos más para ser claros. Estamos gastando un montón de energía emocional. Por consiguiente, necesitamos preguntarnos antes de hablar: *¿Cómo interpretará esta persona cuando lo diga de esta manera?*

El incompleto

Cuando las personas le preguntan: «¿De qué o de quién estás hablando? ¿Por qué estás hablando de esto? ¿Cuándo y dónde ocurrió esto? ¿Cómo esperas que responda?».

Si es así, necesitas ser más claro.

———

Rudyard Kippling dio un buen consejo: «Conservo seis hombres honestos que sirven (ellos me enseñaron todo lo que sé); sus nombres son Qué y Por qué y Cuándo y Cómo y Dónde y Quién".[2]

Desde el principio, la mayoría de nosotros aprende acerca de las seis interrogantes: quién, qué, cuándo, dónde, por qué y cómo. Aunque no necesitamos responder estas interrogantes en todas nuestras comunicaciones, ellas sirven como recordatorio y guía para que seamos más completos. Cuando es esencial que las empleemos pero las ignoramos, confundimos a las personas.

Por ejemplo, enviamos un correo electrónico a un gerente en otro departamento: **Hola, Teresa, en algún momento en los próximos días, necesito hablar contigo acerca de David.** Bueno, hay dos hombres de nombre David en los dos departamentos, entonces, ¿a quién nos referimos? Y ¿quién es responsable de organizar la reunión en varios días y cuándo exactamente en los próximos días y dónde? ¿Para qué reunirnos? ¿Es esta una reunión para hablar bien o mal de «David»? Este correo electrónico no responde las interrogantes por qué, quién o cuándo. Teresa se quedó con la incógnita acerca de lo que está pasando.

Las seis interrogantes eliminan la confusión. Si ha aprendido algo de esta sección, aplique las seis interrogantes como un ejemplo básico del intercambio en la comunicación.

El ignorante intencional

Aprendí de un maestro ya algo viejo que enseñó por años basado en cierta investigación, pero cuando surgió una nueva investigación que contradecía sus conclusiones anteriores, voluntariamente ignoró esos avances. En vez de cambiar sus notas y aprender la nueva información, no hizo caso a los cambios en su campo. Era mucho trabajo tener que corregir las presentaciones de su clase. Así que siguió enseñando como lo había hecho por años, aunque sabía que sus alumnos estarían desinformados y mal informados porque él optó por eso.

En los tribunales eso se llama ceguera voluntaria o ignorancia artificial. Por ejemplo, para evitar la responsabilidad legal, uno voluntariamente se mantiene ignorante de los hechos. Los que apoyan la táctica dicen: «No me diga la verdad o los hechos. Déjeme ignorante de manera que cuando las autoridades me pregunten pueda decir sinceramente: "No lo sé"». Por supuesto, los jueces y los abogados tratan de descubrir si esa persona estaba buscando una negación plausible.

Sin embargo, hay otra manera de saber lo que no sabemos. En el ámbito político la regla a seguir es nunca admitir un error o que uno no sabe algo. Por tanto, siga hablando en la entrevista como si fuera un experto, mientras que al mismo tiempo es consciente de que no sabe. Sintiendo que está en la mira de todos, y determinado a nunca equivocarse, pero completamente consciente de que la información es insuficiente o incorrecta, siga moviendo los labios, tejiendo y evadiendo lo más que sus habilidades polémicas le permitan.

Lo mismo ocurre en el ámbito comercial. Los líderes pueden estar desinformados o mal informados pero mantienen la apariencia de saber la información correcta. Sin embargo, después de salir de una reunión, hubo graves consecuencias. El jefe les dice a sus ayudantes: «Nunca más vuelvan a ponerme en esa situación».

A veces me pregunto por qué tales personas no dicen: «No tengo la información correcta aquí. Me he comunicado incorrectamente». ¿Por qué decimos: «La honestidad es la mejor política», excepto cuando pensamos que no lo es?

Si no lo sabe, no pulse enviar a una información que da la impresión que usted sabe. Eso sería comunicación falsa y las personas no solamente perciben que se les ha mentido, también quedan confundidas en cuanto a cuáles son los hechos y cuáles no lo son. Mejor es decir: «Necesito revisar esto y después le aviso. Me doy cuenta que la información que tengo no es suficiente». Por supuesto, necesita avisarles una vez que obtenga la información correcta. La buena noticia es que la mayoría de las personas le dará más tiempo para reunir esa información.

El desorganizado

Muchas veces no he sido claro o desatento, sin continuidad e incompleto. Un editor me dijo: «Esto no está bien pensado. Por ejemplo, tus respuestas no concuerdan con las preguntas». Otro editor recomendó que les pusiera títulos a mis párrafos, puesto que eso me obligaría a clarificar en mi mente cuál era mi punto principal en esas oraciones. Todos necesitamos preguntarnos: *¿Qué estoy tratando de decir aquí y estoy diciéndolo?*

Cuando escribo un blog, me gusta hacerme tres preguntas: *¿Cuál es el asunto? ¿Por qué es este un asunto? ¿Cómo se resuelve este asunto?* Estas preguntas ayudan a que mi mente se organice con mayor rapidez y piense con más cuidado.

Cuando escribo un correo electrónico, enumero mis puntos cuando tengo más de uno. Enumerar me obliga a pensar bien anticipadamente los puntos exactos, pero también ayuda para que el receptor sepa claramente que hay varias ideas.

Respecto de algunas cosas que escribo, Sarah me dice: «Léelo en voz alta para ti mismo». Oír lo que leo me ayuda para editar lo que suena ambiguo. A veces envío lo que escribo a otros para que comenten y les pregunto: «¿Está esto claro?». Por lo general, dejo pasar tiempo respecto a lo que estoy comunicando y me aparto del contenido. Eso me permite leerlo después con una mente fresca. Siempre me sorprende lo que pasé por alto cuando al principio escribí conforme a lo que pensaba.

Cuando las personas me escriben acerca de sus matrimonios, pueden estar muy emotivas y abrumadas. En esa condición, pueden inmediatamente comenzar a contarme sus problemas. Sin embargo, a veces me toma unos minutos imaginar exactamente cuál es el asunto principal que les impulsa a escribirme. No estoy seguro de lo que quieren de mí. Ellas podrían comenzar diciendo: **Estamos bajo presión financiera como nunca antes y además de nuestros gastos tengo problemas de salud. Esto hace que argumentemos muchos.** Pienso: ¿Es esta una pregunta acerca de un mal manejo de presupuesto que está causando conflictos y quieren consejo financiero? Cinco párrafos después (si hay párrafos), escriben: **Bien, la razón por la que escribo es que mi esposo tuvo una aventura cinco años atrás y todavía sigo luchando con el perdón.** Debieron decir eso al principio del correo, pero algunas personas comienzan a escribir (o hablar) y esperan que el interlocutor organice sus palabras. Esperan que los oyentes lean sus mentes. Como saben su punto principal, esperan que la otra persona también lo sepa.

Cuando nos comunicamos, necesitamos hacer una pausa extensa para preguntarnos: *¿Cuál es la idea principal aquí?* Exprese eso al principio y manténgase en el punto; de otra manera, confundimos a otros y parece confuso. Sea lo que sea lo que nos propongamos decir, está dominado por nuestra desorganización e incoherencia.

Cada uno debemos entender que podemos ser como el predicador en el púlpito que comenzó con el texto bíblico, se apartó del texto y nunca volvió al texto. Como pastores, todos nos reímos de este ejemplo porque hemos sido culpables de eso. Puede que hayamos tenido un punto principal en mente. Sin embargo, cuando se ha dicho y hecho todo, nuestros pensamientos salieron desordenados por la falta de preparación y al final nos perdimos. Y lo peor es que las personas se retiran preguntándose: «¿Cuál era exactamente su punto?». Esa respuesta me recuerda al muchacho que le dijo al predicador: «Cuando sea grande y gane dinero, le daré algo a usted». El pastor agradeció al muchacho y le preguntó por qué le daría dinero. El muchacho respondió: «Porque mi padre dijo que usted era el predicador más pobre que ha oído».

El presuntuoso

Perdidos en un camino rural en florida, una pareja estacionó el vehículo a un lado de la carretera donde estaba un granjero parado junto a su buzón de correo. «¿Cómo vas a Sanford?», le preguntó la pareja. El granjero contestó: «Mi cuñado me lleva». Esa pareja puede culpar al granjero por ser estúpido o comenzar otra vez, diciendo: «Esta está muy bien. Cuando tu cuñado te lleva allá, ¿qué camino toma?».

Cuando hay confusión, trato de abstenerme de atacar a la otra persona por no escuchar atentamente (que puede ser el caso). Es más, trato de comunicarme otra vez pero con mayor claridad. No es una pérdida para mí, excepto de un poco más de tiempo. Después de todo, ¿de qué sirve exhibir una actitud condescendiente hacia otra persona como si no fuera inteligente?

En esos incidentes, me asigno la responsabilidad a mí mismo para mejorar mis habilidades comunicacionales. Eso evita que me sienta como una víctima vulnerable ante las personas desatentas. Incluso si ellas no están prestando completa atención, mejor es que diga: «Creo que no fui claro. Permítame decirlo otra vez. Lo que estoy tratando de decir es...». Después de volver a repetir, podría preguntar: «¿Se entiende esto mejor?». Esto es solamente sentido común y el comentario que recibo me asegura que fui más claro. Es tan sencillo de hacer, aunque pueda tomar más intercambios que lo que prefiero.

Solamente el presuntuoso dice: «Soy mejor y más inteligente que todos los demás y no voy a repetir lo que les dije a las personas que debieron escucharme en primer lugar». Esta actitud podría explicar por qué las personas no están escuchándonos en primer lugar.

El bromista

Algo de sarcasmo es ingenua y cariñosamente divertido. Los padres dicen: «El dinero no es todo en la vida, pero te mantiene en contacto con nosotros». Sin embargo, otra clase de sarcasmo duele. Un empleado le dijo a su superior: «¿Trabajo tan duro por cuarenta horas para ser tan pobre?». ¿Escucha la otra persona la broma como divertida o desagradable?

¿Deberían usar el sarcasmo para resaltar un punto? No si la otra persona lo interpreta como algo despectivo. Si lo interpreta como algo hiriente sin que fuera nuestra intención herirle, entonces no estamos siendo claros. Hemos enviado el mensaje equivocado. Por ejemplo, un gerente le dice a un nuevo empleado que malogró una venta con un cliente: «Estoy tratando de imaginarte con personalidad». Poco después, el nuevo empleado renuncia.

Raras veces el sarcasmo es una técnica docente eficaz. Al contrario, ofende, como cuando un miembro de la familia dice algo obvio y respondemos: «Qué inteligente, Sherlock. ¿Quién se hubiera imaginado?». Cuando el miembro de la familia se ofende y expresa dolor, el bromista replica: «Solamente estoy bromeando. ¿Acaso no puedes tolerar una broma?» Eso no es claro cuando no se siente como asunto de qué reírse. No es broma cuando la otra persona no lo percibe como tal.

Quizás uno de los errores comunes que las personas notaron que cometieron después de que pulsaran enviar es su sarcasmo. La mayoría de los receptores lo perciben como un desprecio. Necesitamos preguntarnos: «*Aunque pienso que este comentario es gracioso, ¿lo leerá la otra persona como hiriente?*».

La palabra griega para sarcasmo, *sarkazein*, significa «rasgarse la piel como los perros». Cuando las personas no nos perciben como que realmente bromeamos con nuestro sarcasmo, deducen que es un insulto disimulado. Ellas creen que la supuesta broma cubre una fuerte crítica. Por cierto, el sarcasmo desgarra sus corazones más que una confrontación directa acerca del asunto. Les carcome. Por esa razón, cuando genuinamente tratamos de ser graciosos, necesitamos aclarar eso cuando observamos que herimos a la persona.

El impulsivo

Qué pasaría si vive conforme a estas pautas: cuando se sienta ofendido, escriba, lea, edite, vuelva a leer, espere, vuelva a leer, edite y luego envíe. ¿Muy agotador? Quizás. Sin embargo, este proceso es vital cuando está enojado u ofendido.

Quizás haya oído la expresión: «Estaba tan mal que no podía ver claramente». En realidad, eso es verdad. Cuando estamos realmente muy, muy enojados, no podemos ver claramente, o al menos prestar atención a las cosas como deberíamos. Esto fácilmente se observa cuando las personas están enojadas y envían un correo. Dicen cosas que no pretenden y después se lamentan. Exageran su caso y convenientemente dejan fuera toda información que les incrimine. Atacan a la persona en vez de tratar únicamente el asunto.

Como dije anteriormente, y vale la pena repetirlo, cuanto más enojados estamos por algo, más sabio es dejar pasar veinticuatro horas antes de responder y en ese tiempo revisamos lo que queremos decir. En tiempos de conflicto, el potencial de la comunicación poco clara aumenta, por lo cual se corre el riesgo de crear problemas peores.

Incluso cuando las emociones no estén sobrecargadas, ser un descuidado envía el mensaje equivocado. Por ejemplo, ¿cuántos hemos recibido un correo o carta con nuestros nombres mal escritos, y viene de personas que dicen conocernos bien? Mi nombre es Emerson, no Emmerson. El nombre de mi esposa es Sarah, no Sara. Estas pequeñas diferencias hacen una gran diferencia si en realidad sentimos que nos conocen verdaderamente.

Una vez recibí un correo electrónico que tenía corchetes con la frase en la línea principal [ponga el nombre aquí]. Nadie había puesto mi nombre, pero era supuestamente una nota *personal*.

O, ¿qué acerca de la vez que recibí un contrato oficial de una organización que expresaba su deleite por hacer negocios conmigo? En la carta, la organización expresó cuán especial era yo para ellos. Sin embargo, cuando leí el contrato, el nombre de otra persona estaba allí. Este era un modelo, y ellos olvidaron quitar el nombre y reemplazarlo con el mío. Ya no me sentía especial.

Equivocaciones como esas pueden ser errores inocentes debido a distracciones comprensibles. Uno tiene demasiados formularios que enviar en tan poco tiempo, por lo que es predecible que ocurran los errores. Pero si la persona vuelve a revisar, entonces podría descubrir algún error más. La empleada de la oficina acaba de tener una disputa con otra compañera. Sintiéndose herida y ofendida, dejó de concentrarse en la tarea. Ofendida por los comentarios desagradables y falsos, la empleada metió mi contrato en el sobre y lo envío sin revisar cómo se escribe mi nombre o si mi nombre realmente estaba en el contrato.

Es probable que no seamos personas perezosas, pero podemos obrar así cuando nos sentimos heridos, ofendidos o enojados. No volvemos a leer ni editamos lo que escribimos.

Antes que pulse enviar, debo estar en armonía con mis sentimientos. ¿Estoy tan enojado ahora que no puedo ver claramente? Si es así, como es de esperar no prestaré atención. Cuanto más importante sea la comunicación menos puedo permitirme cometer errores obvios. Necesito calmarme, esperar un tiempo y volver a leerlo cuando mi dolor y mi enojo ya no me controlen y hagan que cometa errores lamentables.

El apresurado

Todos hemos escuchado anuncios en los que el locutor profesional, que habla más rápido que un subastador, hace una lista de advertencias o restricciones sobre un producto. Habla tan rápido que terminamos ignorando lo que dijo.

Las personas pueden oír cuatrocientas palabras por minuto. El cerebro puede escuchar más rápido de lo que la boca puede hablar. Sin embargo, cuando se habla rápido e incesantemente, las personas terminan por ignorar lo que se dijo. Hacer una pausa hace que las personas vuelvan a enfocarse.

Si hablamos rápido necesitamos disminuir la velocidad. Aunque nuestra intensidad nos ayuda a pensar mejor, esa intensidad hace que verbalicemos muy rápido. Decimos cosas tal como vienen a nuestra mente, casi como por impulso. Eso no solo es confuso, puesto que está desconectado, sino que también terminamos diciendo lo que no deberíamos decir.

En el tribunal de justicia, se aconseja a los testigos que no hablen de prisa cuando están bajo juramento. Cuando están nerviosos, pueden tener mucha prisa y estar muy ansiosos para responder. En su prisa, son desconsiderados. Esto confunde al jurado o al juez. Esa es la razón por la cual se instruye al testigo a que tome tiempo para responder y, si algo no se comprende, que pida que se repita la pregunta, en vez de comenzar a hablar nerviosamente.

En los medios sociales, ¿ nos damos prisa algunos para expresar nuestras opiniones, por ejemplo, respecto al matrimonio sin previo estudio o análisis? Pese a los hechos, expresamos nuestras opiniones rápidamente: **¡Divórciate del arruinado!** Decimos esto aunque apenas hemos oído tres oraciones de una esposa acerca de su supuestamente abusivo esposo. Aunque no la conocemos ni hemos oído del marido o de los tres hijos adolescentes, ¿qué importa eso? Estamos usando unos dedos impulsivos para publicar sin antes investigar nuestro editorial en dos tuits. Después de todo, ¿quién tiene tiempo para callarse, restringirse, pensar, reunir todos los datos, orar y luego hablar?

La única cosa que podemos redimir aquí es que pocas personas están escuchando nuestro dogmatismo intolerante, cuando decimos: «¡Divórciate del arruinado!», puesto que ellos están obsesionados en promocionar sus propios comentarios vacíos o cosas de algún otro tópico.

El irresoluto

¿Temo tanto a los conflictos y rechazos que evito adoptar una posición en las cuestiones? ¿Estoy dispuesto a negociar lo que personalmente creo a fin de no meterme en problemas? Eso no funciona con dos personas en desacuerdo. Debemos hacer una elección. La falta de claridad nunca es permanente ni permisible.

Recuerdo que me reí a carcajadas cuando escuché por primera vez la frase: *Si vas a pasar por encima de una cerca de madera, vas a lastimarte.* Pensemos en el dolor que sentimos cuando vacilamos entre un lado y otro en nuestro negocio. Nuestras respuestas aprobatorias para ambos lados de la discusión entre el personal nos permiten mantenernos sin favorecer una posición por determinado tiempo. Nos mantenemos apartados de los problemas por nuestra falta de claridad respecto a lo que creemos es la decisión correcta. En nuestras notas somos imprecisos y ambiguos. Sin embargo, con más diferencias como estas, es necesario hacer una elección. Ya no podemos permanecer indecisos y sin compromiso. Cuando ambos lados se den cuenta que hemos estado evadiendo y tramando algo, demandarán que tomemos una decisión por uno u otro lado de la cerca. Lamentablemente, debido a nuestra evasiva engañosa, ninguno de los lados nos respeta mucho. Lo que precisamente buscábamos evitar, terminamos consiguiéndolo.

Aunque sea muy embarazoso, debemos escoger el lado que mejor refleje nuestras convicciones. Esto es difícil, pero debemos hacer primero lo que vamos a terminar haciendo después cuando se llame a una elección. Cuando postergamos lo inevitable, postergamos a las personas. Por tratar de hacer felices a ambos lados, sin favorecer a uno, hacemos al uno y al otro infelices por ser engañosos.

El intemperante

Una esposa me envió un correo:

> Mi esposo dice que soy hostil con él y que no puedo controlar mi ira. Dice que soy abusiva. Cuando argumentamos, mis gestos físicos a menudo son agresivos, hablo rápidamente, fuerte y dramáticamente. A veces apelo al sarcasmo y uso apodos. Él también siente que mi enojo es a menudo injustificado y nunca sabe cuándo voy a 'explotar'. Mucho de eso es cierto... él dice que me ha evitado en el pasado porque no sabe lo que va encontrar cuando llegue a la casa. ¿Estaré feliz, deprimida, enojada o distante?

En su defensa, probablemente ella se sintió herida y provocada. Pero como ella, cuando estamos enojados y ofendidos, ¿parecemos emocionalmente sin control ante los que nos rodean? ¿Parecemos impredecibles e incluso irracionales? ¿Son sensatas las cosas que decimos? Después de comunicarnos de una manera apasionada, ¿queda el asunto abierto a las preguntas? ¿Dejamos a otros en duda acerca de nuestro carácter?

Por ejemplo, en la reunión del municipio como ciudadanos nos sentimos ignorados y provocados porque han decidido instalar cerca de nuestra casa una torre para el servicio de teléfonos celulares. Sintiéndonos impotentes de persuadir al municipio que cambie esos planes, amenazamos a los miembros de la junta. «Me dejan sin otro recurso que llevarlos a juicio y, antes de eso, iniciaré el retiro de cada uno de ustedes en esta junta». Por supuesto, ninguna de esas cosas suceden posteriormente a la reunión de esa noche. Son amenazas vacías. Sin embargo, algunos presentes en la reunión que son nuestros vecinos concluyen que pretendemos cumplir ambas amenazas. Cuando no hacemos nada, les dejamos confusos. Con el tiempo los vecinos nos perciben como emocionales y no razonables al ser provocados por alguna injusticia en contra nuestra. Ellos saben que estamos indignados, pero se dan cuenta de que tratamos el asunto precariamente, incluso que parecemos descontrolados y que reaccionamos excesivamente. Para ellos somos algo dramáticos.

Cuando nos sentimos despreciados y heridos, ¿pulsamos enviar una comunicación que hace que nos perciban como fáciles de provocar, y finalmente como intemperantes e intolerantes?

El indeciso

Tomar decisiones puede ser muy difícil, especialmente si es una permanente. ¿Deberíamos retirarle a nuestra abuela el soporte de vida? Todos luchamos con tales decisiones. Sin embargo, incluso aquí es necesario tomar una decisión. No podemos dejar al personal médico a tientas. Ellos necesitan saber claramente nuestros deseos.

¿Y qué del matrimonio? La clásica escena se desarrolla en torno a dos personas que han estado manteniendo una relación por un año. Ella cree que él es el escogido y desea casarse con él. Él no le propone matrimonio, aunque románticamente la ama. Ella se siente confundida y frustrada. «Si me ama, ¿por qué no propone que nos casemos?». Su tranquilidad y su indecisión la dejan completamente sorprendida. Finalmente ella termina la relación y comienza a salir con otro hombre con quien se casa dos años después.

Ambos, hombres y mujeres, me han dicho que retrocedieron, como ese hombre. Por ser indecisos, demoran la decisión. Por sentirse confundidos, confunden a la otra persona, que al final decide tomar otro rumbo. Una persona me dijo que tiene profundos remordimientos por perder a la mujer con la que piensa debió casarse, pero su falta de voluntad para tomar ciertas decisiones la dejó confundida en cuanto a la dirección de la relación, por lo que finalmente ella se casó con otro.

Por otro lado, he entrenado a hombres y mujeres que sintieron pánico pensando que cometían una equivocación al casarse con cierta persona. Les pedí que sopesaran la bondad, la sabiduría y el atractivo de esa persona para ellos. Dos personas me vienen a la mente, los que están felizmente casados hoy con la que sin duda es la persona ideal aún después de treinta años de matrimonio.

No me refiero a si una persona debería casarse o no casarse. Al contrario, usé estos ejemplos para mostrar que posponer, demorar y la falta de decisión no siempre son algo bueno.

Quizá vuelva a la escuela.
Quizás me una a la asociación de jóvenes cristianos.
Quizás haga ese presupuesto con los sobres.

Quizás sirva como voluntario en la iglesia.
Quizás ponga mi nombre para recibir esa promoción.
Quizás asista al estudio bíblico.
Quizás...

Nuestra indecisión y enfoque apático de vida aturde a las personas. A veces es mejor tomar una pequeña decisión y avanzar hacia adelante que no tomar ninguna y dejar a las personas esperando y cuestionándose.

El relativista

¿Es la verdad relativa? No cuando se trata de la construcción de nuestra casa de tres pisos. ¿Quién contrata una empresa de construcción que se adhiere a la idea de que las configuraciones matemáticas en proporción a la tensión de la estructura no importa porque la verdad es relativa?

En los campos universitarios algunos profesores hablan elocuentemente de que la verdad siempre es relativa. Un alumno me dijo que levantó la mano en clase cuando un profesor habló de que no había verdades absolutas. Él preguntó: «Profesor, ¿está usted diciendo que la violación no siempre es mala?». Esa pregunta controversial originó una discusión que terminó con la clase, llena de mujeres, creyendo en la verdad absoluta. Algunas cosas son básicamente malas, desatinadas o falsas. Siempre es malo violar a una persona y siempre es malo decir que alguien te violó cuando en realidad no lo hizo.

Lo interesante es que la mayoría de los defensores del relativismo hablan elocuentemente acerca de su teoría, pero en sus vidas diarias mantienen firmes ciertas creencias de maneras muy dogmáticas y terminan contradiciendo sus afirmaciones de que no hay absolutos. Dicen una cosa aquí pero hacen otra allá. Por supuesto, dejan a las personas confusas acerca de lo que creen debido a las obvias contradicciones. Stephen Hicks ilustra esto: «Por un lado, toda la verdad es relativa; por otro, el postmodernismo lo dice realmente tal como es. Por un lado, todas las culturas merecen igual respeto; por el otro, la cultura occidental es particularmente destructiva y mala. Los valores son subjetivos, pero el sexismo y el racismo son realmente malos. La tecnología es mala y destructiva, y no es justo que algunas personas tengan más tecnología que otras. La tolerancia es buena y el dominio es malo, pero cuando los postmodernistas llegan al poder, la política correcta acompaña».[3]

Cuando contradecimos los mismos principios que promulgamos, las personas que nos conocen dirán: «No puedes tener ambas cosas. Sé claro. ¿Qué crees realmente? ¿Dices esto por conveniencia o por convicción propia? Los calvos no venden aceite restaurador del cabello».

El humilde

Liz fue ambigua acerca de su deseo para avanzar porque ella no quiere que la consideren orgullosa o que se promociona a sí misma. Ella no es clara respecto a sus deseos y metas para que el jefe no deduzca que ella es egoísta y que tiene motivaciones erróneas.

Por desdicha, ella no tenía la intención de ser confusa ni de engañar al jefe. De todas maneras, la falta de claridad de Liz dejó al jefe sin saber de sus aspiraciones, entonces le dio la promoción a Sherry, que fue muy clara en su fuerte interés de conseguir la posición. Después se descubrió cuánto quería Liz esa posición. El jefe sintió incredulidad y estuvo profundamente decepcionado. Había juzgado que ella no estaba interesada en esa promoción.

¿No es usted claro porque trata de ser humilde pero en el proceso engaña a los demás? ¿Cómo puede dejar que otros conozcan sus talentos y pasiones cuando explica esas cosas de una manera que no suene arrogante? Antes que no pulse enviar por no querer autopromocionarse, consulte con algunas personas sabias que puedan aconsejarle de manera útil para transmitir sus metas y deseos sin que parezca un engreído.

El hipersensible

Todos conocemos la amonestación que dice: «Hablad la verdad en amor». Sin embargo, algunos somos tan cariñosos y sensibles que evitamos la verdad necesaria porque eso lastima al receptor. Necesitamos considerar Proverbios 27.6: «Fieles son las heridas del amigo, pero engañosos los besos del enemigo». Cuando nos preocupamos por la verdad y nos importa la persona, lo más cariñoso y respetuoso por hacer es hablar claramente de lo que es necesario que esa persona oiga. ¿Creemos que estamos ayudando a la persona permaneciendo en silencio?

Nuestra compañera de trabajo y amiga cree que una promoción es inminente, pero no cree que ella tenga ni la más remota oportunidad de avanzar. Quizás no deberíamos decir nada y dejar que escuche la noticia y lidie con esta por sí misma. Pero tal vez deberíamos decirle: «Soy tu amigo y puedo estar equivocado, pero percibo la ira que se manifestado en varias reuniones en el último año te ha descalificado para recibir la promoción. Espero que la obtengas, pero en lo profundo creo que es un gran desafío para ti. Mi deseo es ser tu amigo y aconsejarte que comiences a tratar el asunto de la ira para que no tengas que estropear tus oportunidades futuras».

Hablé con la madre de un hijo adulto que entretenía la idea de que él se divorciara de su esposa. Me dijo: «Debo ir a su oficina y confrontarlo». Le insté a que lo hiciera. Como ella es de hablar suave y reservado, le dije que de todas las personas ella es la que tiene el derecho de hacerlo puesto que su hijo sabía que raras veces ella le confrontaría de esa manera, y sus nietos necesitaban que el matrimonio de sus padres permaneciera intacto.

Muchas veces, personas como esa madre no quieren que las cosas empeoren ni provocar a la otra persona, que puede sentirse herida, como si todos le estuvieran hostigando, de modo que después diga: «Basta, ya no puedo tolerarlo más. He terminado con mi esposa y con esta familia. ¡Me has fastidiado más de lo que puedo tolerar!». Ese temor afecta grandemente a las personas sensibles. Los hipersensibles imaginan el peor escenario y por eso no confrontan el asunto. De alguna manera sienten que podrían ser responsables de empeorar las cosas. Pero, ¿cuándo es ese el caso? Ellos necesitan comprender que sus palabras y su comportamiento bondadoso los califica para hablar claramente y que las personas razonables nunca la considerarán como la última gota que colmó el vaso. Felizmente, ese hijo canceló su intensión de divorciarse y está procurando que su matrimonio funcione.

El severo

La esposa pregunta: «¿Me amas?». El esposo responde: «Sí, por supuesto». Pero la vacilación y la falta de pasión dice lo contrario.

Usted ha oído decir: «¡No me mires con ese tono de voz!». Yo digo en nuestras conferencias sobre consejería matrimonial: «Puede que estés en lo cierto, pero tu tono de voz es incorrecto». Cuando la inflexión de la voz luce contradictoria con sus palabras, los que le escuchan quedarán confundidos.

Algunos argumentan que un pequeño porcentaje de conflictos es provocado por asuntos que estamos lidiando, pero el conflicto mayor se convierte en uno de tonos que suenan desagradables e irrespetuosos. Las personas quedan preguntándose: *¿Qué realmente siente esta persona por mí?*

Todos sabemos, o deberíamos saber, que nuestro tono de voz, nuestra mirada, las expresiones del rostro, la postura de nuestro cuerpo y la proximidad hacia la otra persona envían un mensaje más fuerte que las palabras. Cuando hay incongruencia entre lo verbal («te amo») y lo no verbal (nunca estamos en casa), las personas al final nos interpretarán como no verbales.

¿Es esta la causa por la que las personas usan emoticonos? Quieren estar seguras de que nadie malinterprete su tono porque sus palabras escritas con sinceridad puede ser malinterpretadas. Supongo que eso es algo bueno, pero también refuerza la falta de confianza porque nuestras palabras transmitan claramente nuestra buena voluntad. Es lamentable que necesitemos la protección de la figura de una cara sonriente.

El cansado

Cuando era pastor, teníamos reuniones de directiva que se extendían hasta muy tarde, a veces hasta las once de la noche. A esa hora, por lo general parábamos. Sabíamos que nuestra mejor manera de pensar se había acabado mucho antes, y el enojo podía surgir mucho más fácilmente durante los intensos debates.

Aunque se instruye a los cristianos a que no permitan que el sol se ponga sobre su enojo, hay momentos cuando dos personas quizás no puedan resolver el asunto que los molesta antes que caiga la noche. Como dos personas adultas, acuerdan dejar el asunto para el día siguiente, a menudo esa decisión prueba ser la mejor opción. La mente está más clara y también las palabras.

Si una persona dice que funciona mejor por la noche, entonces esto se aplica a su mañana. Cada uno de nosotros necesitamos estar en sintonía cuando sabemos que funcionamos mejor y cuando no es así. Los mejores comunicadores hacen una pausa cuando están cansados y débiles. Una cosa es poner a una persona a dormir cuando hablamos; otra es hablar cuando estamos medio dormidos. Puede que no seamos completamente amables. Antes que pulse enviar, pregúntese: *¿Estoy cansado? ¿Apenas alcanzo a leer? Termine esto en la mañana. No pulse pecar. Quiero decir enviar.*

El miedoso

Varias décadas atrás dos jóvenes y yo estábamos durmiendo profundamente en una cabina en medio de un bosque en el norte de Wisconsin. Era a finales de agosto y estábamos allí como parte de un programa de dos semanas en el bosque de mi universidad. Hacía calor, de manera que nos acostamos sin camisas en nuestros sacos de dormir. Estaba absolutamente oscuro. Yo estaba acostado en la litera inferior, el otro joven estaba en la litera superior y el tercero en una cama individual.

Alrededor de la una de la madrugada, un ratón descendió sobre mi espalda desnuda. Me tomó un segundo despertarme y darme cuenta de que algo se movía sobre mi espalda. Sorprendido, me senté de inmediato golpeando el borde de la litera superior. El impacto fue tal que el joven que dormía arriba pensó que un oso había entrado en la cabina, y comenzó a gritar: «¡Un oso!».

Como un loco, saltó de la litera superior, balanceándose, y cayó sobre el joven que estaba en la cama individual, que a su vez creyó que el oso le estaba atacando. Para pelear contra el oso, gritó y lanzó puñetazos, golpeando al joven que había caído sobre él. Todo eso ocurrió en pocos segundos. Caos total y confusión.

Los tres terminamos de un salto en medio del cuarto y yo gritando: «Deja de agitarte; ¡era un ratón que cayó sobre mi espalda! ¡No hay ningún oso!». Cuando entendimos todo lo que había pasado, comenzamos a reírnos, y después nos dimos cuenta: éramos un grupo de miedosos.

Esa historia siempre me recordó cuán caótico y confuso puede ser un momento de pánico. Corremos como pollos sin cabeza, tal como mis dos amigos y yo.

Algunos tenemos momentos de crisis semanales que no son tales crisis. Estamos llevando a nuestros hijos a la escuela y es tarde porque nos levantamos retrasados. A la tercera luz roja, golpeamos el volante y gritamos: «¡No puedo creer esto! ¡Nunca tengo suerte!». Nos sentimos a punto de desmayar, como si las luces automáticas fuesen los enemigos secretos que conspiran contra nosotros. Los dos hijos en el asiento trasero, de nueve y once años de edad respectivamente, se miran entre sí con sorpresa y se preguntan: «¿Quién es nuestro papá?». Les confundimos.

Todos necesitamos que se nos extienda gracia durante un tiempo de pánico verdadero. El caos reina cuando una bomba explota en un aeropuerto. Sin embargo, algunos sienten pánico y caos sin que haya una amenaza. Es solo un ratón, no un oso, y terminamos asustando a todos a nuestro alrededor.

Algunos pulsamos enviar cuando tenemos pánico con esto o aquello, lo que al fin nos hace parecer al personaje de la historieta *Chicken Little* que grita: «¡El cielo se está cayendo!». Nos convertimos en el muchacho de la fábula de Esopo que grita muchas veces: ¡El lobo! Perdemos toda credibilidad porque los demás nos consideran alarmistas.

El hipócrita

«Él me dijo que me ama, pero me dejó y no me llamó en dos meses. No lo he visto desde entonces». Esta es la clásica historia de amor abandonado. El novio dijo una cosa pero hizo otra. El hablar y el caminar no concuerdan.

El gerente le dice al empleado: «Sí, pasa. Tengo tiempo para hablar contigo». Sin embargo, diez minutos después de comenzar la conversación, el gerente mira su reloj. El empleado piensa: *Seguro, él dijo que tenía tiempo para conversar conmigo y parecía muy interesado, pero ahora me envía el mensaje de que en verdad no le importa.*

Cuando enviamos mensajes mezclados, las personas creen el que les parece más negativo. Cualquier cosa que digamos para contrarrestar nuestras acciones, por ser nuestras acciones más negativas, no anularán nuestra conducta inaceptable. Las palabras vacías no anulan las acciones patéticas y dolorosas. Una persona me dijo: «Tuve un cliente que constantemente me decía que sus pagos estarían con varios meses de atraso y, luego, al final de su mensaje agrega: Ja, ja, ja. Lo llamé por teléfono y le pregunté: "¿Piensas que esto es gracioso? No me estoy riendo a carcajadas. Estás atrasado cuatro meses con tus pagos; eso es inaceptable"». Ese cliente era un irresponsable.

Hay individuos que hacen promesas y con frecuencia no las cumplen. Cuando se les confronta por decir una cosa y hacer otra, se defienden diciendo: «Mi intención era hacerlo». En su manera de pensar, mientras tengan la intención de hacerlo, creen que están bien. Sin embargo, para aquellos que les rodean ya no sienten que lo están.

Antes que pulse enviar, necesito preguntarme: ¿Estoy tratando de comunicar algo aquí que no pueda anular mi conducta anterior? Si es así, ¿qué debo hacer *en vez de* decirlo?

¿Por qué debemos comunicar lo que es claro?

¿Por qué ser claros? No queremos que las personas malinterpreten la verdad, nuestra bondad y lo que es necesario que oigan.

Puesto que amamos la verdad, nos aseguraremos de que la otra persona comprenda claramente la verdad, toda la verdad y nada más que la verdad.

Puesto que queremos que las personas conozcan nuestras buenas intenciones, nos aseguraremos de que sepan claramente que procuramos ser bondadosos y respetuosos cuando damos una información.

Puesto que necesitamos comunicar lo que es necesario, nos aseguraremos de que capten claramente todo lo esencial que es importante que sepan.

El desafío radica en no suponer nunca que somos claros cuando en realidad no lo somos. Algunos hablamos y escribimos como Yogi Berra, que era famoso por sus dichos ambiguos, como por ejemplo: «Las cosas del pasado nunca son como solían ser». «Cinco centavos ya no valen diez». «Cometerás algunos errores a lo largo del camino, pero solo el malo sobrevivirá»; y «Descubrí que las buenas cosas siempre vienen en pares de tres».[4]

¿Y qué con usted? ¿Escucha con regularidad que le dicen: «No te estoy siguiendo... eso no tiene sentido... ¿Qué exactamente quieres decir?... ¿Puedes repetir eso otra vez?... No tengo idea de lo que estás diciendo... Me estás confundiendo... no estoy entendiendo el punto?».

Con frecuencia la mayoría de las comunicaciones entre personas con buenas intenciones se interrumpen por causa de un franco malentendido. Somos amigos y aliados. Somos miembros de la familia que confiamos unos en los otros. Sin embargo, por las muchas razones citadas antes respecto a comunicarnos sin claridad, no hemos procurado lo suficiente para eliminar la posible confusión y el malentendido. El incentivo para trabajar con tesón es bastante simple: queremos comunicarnos claramente porque la verdad importa, nuestra bondad importa y lo que es necesario importa.

¿Cómo podemos responder a los que no se comunican claramente?

Para iniciar una conversación con otra persona que no se ha comunicado con claridad, estas afirmaciones le pueden servir para animarla a que sea más clara.

- AL DESATENTO: («A veces cuando estoy hablando, no me doy cuenta de que otros no saben lo que yo sé»), dígale:

  «A menos que sepas lo contrario, no supongas que yo sé lo que tú sabes. Para saberlo, pregúntame. Después de comenzar a hablar, pregunta si lo que estás diciendo tiene sentido. Ayúdame cuando hablas, ¿de acuerdo?».
- AL MÍSTICO: («Sé lo que quiero decir. Solamente que no puedo decirlo»), dígale:

«Si no lo puedes decir, no sabes lo que quieres decir. Y si no sabes lo que quieres decir, definitivamente tampoco yo puedo».

• AL TEJEDOR: («Empiezo a hablar acerca de un tema, pero puede desencadenarse en una red de puntos no relativos»), dígale:

«Cuando hablas, tus puntos apenas parecen conectados. Subes, bajas, das vuelta y los dejas sin terminar. Ayúdame a entender adónde te diriges. ¿Cuál es tu punto principal?».

• AL MALINTERPRETADO: («No quise decir eso como ellos lo interpretaron, pero sí, esas fueron mis palabras»), dígale:

«Aunque puede que haya malinterpretado lo que querías decir, hablaste lo que hablaste. De manera que no me culpes o no permitas que tus buenas intenciones sirvan como excusa para negar el impacto de tus palabras».

• AL INCOMPLETO: («Ocasionalmente dejo fuera cosas importantes porque fallo al responder las principales interrogantes».), dígale:

«Por favor, no supongas que yo sé el tema de lo que estás hablando o que se cómo o cuándo hacer lo que pides. Por favor, ayúdame a responder las seis interrogantes».

• AL IGNORANTE INTENCIONAL: («A veces hablo sabiendo que no estoy informado o mal informado»), dígale:

«¿Por qué consciente y voluntariamente haces eso? ¿Acaso no es eso mentir? Independientemente de tus razones, terminas confundiéndome y engañándome. La ignorancia no es felicidad».

- AL DESORGANIZADO: («No siempre pienso bien ni estoy bien organizado»), dígale:

     «Aprecio lo que tienes que decir cuando sea verdad y sea necesaria, pero no de una manera desorganizada y despreocupada. Estoy interesado en escucharte, pero me resulta difícil seguirte».

- AL PRESUNTUOSO: («Los demás no comprenden porque son estúpidos. Pero no soy así. Yo soy claro»), dígale:

     «No soy estúpido por no entenderte. No te dejas entender ni tienes paciencia suficiente para ayudarme a entenderte».

- AL BROMISTA: («Trato de ser divertido, pero otros lo oyen como sarcasmo y malinterpretan»), dígale:

     «¿Me estás haciendo reír o tratando sagazmente de enfatizar un punto? Dices: "No era mi intención. Relájate; es una broma". No puedo. Esto no es una broma. Estás siendo sagaz, no ingenioso».

- AL IMPULSIVO: («Confieso. Cuando me siento rechazado, reacciono en lugar de editar tranquilamente lo que digo para ser claro»), dígale:

     «¡Hablar de forma negativa sin pensar definitivamente te hace parecer un desconsiderado! Escribe tus pensamientos primero y toma el tiempo para editarlos. Concédete un tiempo de veinticuatro horas, ¿está bien?».

- AL APRESURADO: («Sí, a veces soy difícil de seguir. Hablo tan rápido y hago comentarios impulsivos»), dígale:

«Caminar velozmente es bueno. Hablar rápidamente es malo. Lo que dices no importa si no puedo seguirlo. Y algunos comentarios fueron dichos apresuradamente sin pensar, ¿cierto?».

- AL IRRESOLUTO: («No estoy de ningún lado de un asunto para evitar problemas con ambos lados»), dígale:

   «Cuando concuerdas conmigo y con la persona que no concuerda conmigo, eres un irresoluto y a ambos nos frustras».

- AL INTEMPERANTE: («Cuando estoy molesto, reacciono de maneras que parecen no razonables y confusas»), dígale:

   «Cuando te sientes herido o confundido, actúas irracional. ¿Me equivoco? Tus palabras surgen de una manera desordenada y de un momento a otro te descontrolas».

- AL INDECISO: («Sí, cuando soy indeciso, mi demora deja a otros en duda acerca de mis deseos»), dígale:

   «Cuando sabes todos los pro y los contra pero eres indeciso, me confundes. Si la demora no es una opción, por favor toma una decisión».

- AL RELATIVISTA: («Soy indiferente ante mis contradicciones. La verdad es lo que digo en el momento»), dígale:

   «Necesito ayuda para entender tus verdaderas convicciones. Te contradices. Por ejemplo, dices que no hay una manera correcta de creer cualquier cosa y después me dices que hay una».

- AL HUMILDE: («No quiero dar la impresión que me autopromociono, de manera que cubro mis capacidades»), dígale:

«Cuando necesito que algo se termine y tú sabes que puedes hacerlo, pero no me dices porque no quieres parecer que te promocionas, me dejas confuso y ambos perdemos».

- AL HIPERSENSIBLE: («Por no querer herir a las personas, reprimo lo que claramente es la verdad»), dígale:

    «Una cosa es hablar la verdad sin amor y otra ser compasivo, pero no decir la verdad. Por temor a herir, si no retienes la verdad no eres útil».

- AL SEVERO: («Las palabras que hablo son sinceras y claras, pero mi tono severo confunde a las personas»), dígale:,

    «Mira, puede que seas claro y correcto en lo que dices, pero cuando lo dices con un tono desagradable, estás enviando otro mensaje».

- AL CANSADO: («No pienso ni me comunico bien cuando estoy muy cansado, especialmente por la noche»), dígale:

    «Las conversaciones muy tardes funcionan para los noctámbulos. Tú eres un madrugador. Espera hasta la mañana para conversar las cuestiones de manera profunda y clara. Cuando estás exhausto, no toques el tema».

- AL MIEDOSO: («Cuando estoy espantado, me vuelvo loco y dejo a otros alarmados y en incertidumbre»), dígale:

    «En la crisis, hay pánico. Sin embargo, una cutícula rasgada o un conductor que toca la bocina no es un desastre. En asuntos pequeños, no grites como si el cielo se cayera. Me pones nervioso y haces que se sienta caótico».

- AL HIPÓCRITA: («Admito que mis palabras suenan huecas cuando mis acciones no concuerdan con ellas»), dígale:

«Hablas bastante bien, pero después miras tu reloj, golpeas los dedos nerviosamente y sonríes falsamente. Tu mente está en otra parte. Me pregunto si oíste algo de lo que dije».

En conclusión

Las palabras deben pensarse bien y claramente. Por ejemplo, cuando somos los receptores en una comunicación, no podemos mirar un mensaje electrónico y ver que es una broma. No podemos oír el tono inocente en un tuit. Facebook todavía no tiene una respuesta automática que inmediatamente diga: **No, espera. Eso no es lo que quise decir,** cuando un lector interpreta una publicación o comentario de manera equivocada.

A menudo, lo que perciben otros de nuestras comunicaciones es tan importante como nuestras intenciones al compartirlas. Aunque hayamos hablado la verdad, con bondad y respeto, y en el tiempo necesario, si no se percibe la comunicación en la manera que uno pretende, entonces debemos preguntarnos si fuimos suficientemente claros.

El apóstol Pablo capta nuestra meta en lo que compartió con la iglesia de Corintios: «Así también ustedes, a menos de que con la boca pronuncien palabras inteligibles, ¿cómo se sabrá lo que dicen? Pues hablarán al aire» (1 Corintios 14.19).

DESPUÉS DE QUE PULSE ENVIAR: ¿POR QUÉ DEBEMOS CONFESAR NUESTRAS DECLARACIONES NO VERDADERAS, NO BONDADOSAS, NO NECESARIAS, NI CLARAS?

El sabio rey Salomón nos reveló estas palabras para discernir en Proverbios 6.2-3: «Si te has enredado con las
palabras de tu boca, si con las palabras de tu boca has sido
atrapado. Haz esto ahora, hijo mío, y líbrate, ya que has caído

en la mano de tu prójimo: Ve, humíllate e importuna a tu prójimo».

«Pero ¿por qué Emerson? ¿Por qué debo confesar mis fallas de comunicación? No procedíamos así en mi familia durante mi crianza. Nosotros simplemente íbamos a dormir y comenzábamos al día siguiente como si todo estuviera bien. Si me había portado de manera poco bondadosa ellos sabían que esa no era mi intención. Si no era claro al comunicarme, al final ellos podían imaginar lo que yo quería decir. ¿Por qué necesito reconsiderar cada palabra no verdadera, no bondadosa, innecesaria y sin claridad? ¿Por qué no podemos dejarlo como está? Además, no leo en los medios sociales que las personas pidan disculpas después de decir mentiras a través del tuit sobre un candidato político, o al escribir ofensivamente acerca de un cónyuge por Facebook, especulando equivocadamente acerca de una inversión u oportunidad para fines egoístas, o siendo intencionalmente ambiguo en un mensaje electrónico con los empleados acerca de los despidos futuros. Otros no se disculpan, ¿por qué debo hacerlo yo?».

La respuesta a usted es esta: Cuando quiera mantener la mejor relación posible con la persona a la que ha ofendido, y con Dios, tendrá que hacer las cosas correctamente, independientemente si los demás lo hacen o no, e independientemente de cómo «funcionaban» las cuestiones con su familia en su crianza.

Lea lo que Jesús dijo en Mateo 5.23-25: «Por tanto, si estás presentando tu ofrenda en el altar, y allí te acuerdas que tu hermano tiene algo contra ti, deja tu ofrenda allí delante del altar, y ve, reconcíliate primero con tu hermano, y entonces ven y presenta tu ofrenda. Ponte de acuerdo pronto con tu adversario».

Jesús no solo exhorta a que rápidamente ofrezcamos disculpas o procuremos la reconciliación necesaria, antes de ofrecer la adoración a Dios, sino que aclara también que esa reconciliación, la cual debemos buscar de inmediato, tiene que ver con la persona ofendida con nosotros, independientemente de si la persona debe o no debe sentirse ofendida. Aunque no creemos que la otra persona se justifique por tener algo contra nosotros, es más sabio ir rápidamente y con humildad para arreglar las cosas. En estas circunstancias necesitamos ser muy cautelosos. Y para aquellos que ciertamente sabemos que hemos dicho algo malo y ofensivo, no hay otro recurso mejor. No hablar del asunto es como dejar una mina bajo la alfombra, sobre la cual pronto pisaremos.

Aunque confrontar rápida y humildemente parezca mucho esfuerzo, ahorra mucho tiempo y trabajo después. La rápida respuesta evita que el problema crezca y se descontrole. Obrar rápida y humildemente previene que la ofensa desarrolle raíces.

¿Necesita más razones por las que debemos confesar las palabras que no son verdaderas, bondadosas, necesarias, ni claras? No es que los mandamientos bíblicos no sean suficientes, sobre todo aquellos que Jesús habló, sino que aquí hay algunas razones prácticas que quizás no haya considerado.

SI SE REVIRTIERAN LOS ROLES, ESPERAMOS QUE LOS DEMÁS SE CONFIESEN. Si los otros son malos con nosotros, nos mienten o no se comunican con claridad, resultando en sentimientos heridos y tensión innecesaria, pero después niegan personalmente sus problemas no resueltos contribuyendo de este modo al problema, estaríamos a la defensiva. Diríamos: «¡Ah!, ¿no puedes al menos pedir disculpas humildemente por tu parte?».

Volvamos a la regla de oro, la cual hemos tratado en cada capítulo de este libro. Como siempre debemos preguntarnos antes de hablar: ¿Estoy a punto de comunicarme con otros de la manera que me gustaría que se comunicaran con*migo*? Cuando fallamos en comunicarnos de manera bondadosa y, al contrario, herimos a alguien, debemos plantearnos: *Si me hablaran de una manera no verdadera, no bondadosa, no necesaria ni clara como acabo de comunicarme, ¿me gustaría que el ofensor me pidiera disculpas como la parte ofendida?*

Seguramente que la respuesta sería sí.

LA CONFESIÓN ACTIVA EL PRINCIPIO DE UN CAMBIO. Cuando confesamos, ¿qué estamos haciendo exactamente? No que seamos formales con la confesión, sino que consideremos varios elementos cuando lo hagamos.

1. Confesamos que la manera en que hablamos fue incorrecta. «No fui amable» o «No te dije exactamente toda la verdad en ese mensaje electrónico». No debemos tratar que lo que hicimos parezca que está bien o que no sea gran cosa. Es mejor decir solamente: «Estoy equivocado en lo que publiqué por Facebook». Lo malo es malo, aunque sea muy difícil de admitir. Sin embargo, así como apreciamos que otros confiesen sus equivocaciones, la mayoría de las personas también apreciarán nuestra madurez y humildad.

2. Confesamos: «Fue mi culpa». Nadie puede tolerar a una persona que pide disculpas pero que luego agrega una tonelada de excusas. «No fui amable, pero todo fue tu culpa» o «Mentí, pero no podías soportar la verdad». Qué conveniente es creer que somos marionetas con cuerdas, controladas por quienes son culpables de

nuestras malas comunicaciones. Sin embargo, las personas pueden percibir eso en un instante. Recuerde, mi respuesta es mi responsabilidad.

3. Por cierto, no necesitamos pedir disculpas por lo que ellos hicieron mal, pero tampoco debemos decirlo. Durante la confesión, esa es responsabilidad de ellos; de lo contrario, pensarán que confesamos para que ellos también confiésenlo hagan. De modo que, por ejemplo, si el intercambio fue acalorado y ambos comparten la culpa, debemos ser responsables de nuestra parte sin decirles a ellos una palabra respecto a la parte de responsabilidad de ellos. Semejante a lo que dije anteriormente, la respuesta de ellos es responsabilidad de ellos.

4. Procure recibir el perdón. Preguntamos: «¿Me perdonas por enviarle una copia al jefe del mensaje electrónico que te envié?». No es suficiente decirles a los otros que lo sentimos. Ellos quizás respondan: «¿A quién le importa si lo sientes? ¿Qué pasa con mis sentimientos?». Pedir perdón, no exigirlo, les hace saber que nos importa cómo se sienten. Ellos son los responsables de otorgar el perdón. Nosotros esperamos que nos perdonen y que permitan un nuevo comienzo porque ellos son lo que importan aquí. La ofensa fue contra ellos.

5. Declaramos: «Esto es lo que haré diferente para comunicarme mejor la próxima vez». La Biblia enseña que debe haber fruto de arrepentimiento. Eso es razonable. Esperamos que los que se confiesan con nosotros puedan cambiar su manera de ser. Si confiesan que hablan hostil o innecesariamente pero nada hacen por cambiar, la confesión no tiene sentido.

La confesión arregla las cosas entre Dios y nosotros. Los que creemos que Dios oyó las oraciones del salmista: «Sean gratas las palabras de mi boca y la meditación de mi corazón delante de Ti, oh Señor, roca mía y Redentor mío (Salmos 19.14)», sabemos que nuestras palabras falsas, sin amor, no bondadosas, innecesarias y no claras a otros afectan el corazón de Dios. Dios nos ama pese a lo que hablemos, pero eso no significa que apruebe o acepta cada palabra que les decimos a los demás. Sabemos que cuando pecamos contra otros, también pecamos contra Dios. Cuando confesamos a otra persona, necesitamos decir también: «Padre celestial, perdona las palabras de mi boca».

Al final, ante Dios y los que hemos ofendido, debemos ser responsables por las palabras no verdaderas, no bondadosas, innecesarias y no claras que dijimos. Aunque no haya garantía de que la parte ofendida acepte nuestras disculpas, de todos modos la confesión es buena para el alma. Cuando hacemos lo correcto después de comunicar lo que no es correcto, limpiamos nuestras conciencias y en consecuencia sentimos paz. Así que permítame hacerle cuatro preguntas finales:

1. *¿Necesita ir (escribir o llamar), rápidamente y humildemente a alguien que haya ofendido?*

    Cuando ignoramos con arrogancia a quienes profundamente hemos herido, frustrado, enojado, atemorizado, confundido u ofendido, no resolveremos el problema. Es más, se agravará y, dada la oportunidad, los ofendidos divulgarán las consecuencias punibles.

2. *¿Necesita pedirle perdón a alguien?*

Recomiendo que cada persona diga: «Lo siento. ¿Puedes perdonarme?». Quizás debemos agregar: «¿Cómo puedo arreglar esto contigo?». Debido a que no queremos que las personas guarden rencor contra nosotros, necesitamos averiguar si están dispuestas a perdonarnos.

3. *¿Hay alguien con quien tenga que reconciliarse de corazón y volver a estar en términos amigables?*

Este es el objetivo principal con la otra persona. No es solamente soportar nuestras confesiones de los malos hechos, de manera que liberemos nuestra conciencia. Según Jesús, es hacer amigos. Eso no significa que nos convertiremos en los mejores amigos. Podemos serlo solamente con pocas personas, pero podemos estar en términos amigables con la mayoría de ellas. En cuanto nos sea posible, debemos asegurar que este individuo ya no es un oponente ofendido determinado a vengarse.

4. *¿Está dispuesto a buscar reconciliación con otra persona, aunque la única razón sea agradar a Dios?*

Los que somos seguidores de Cristo necesitamos considerar el principal punto que Jesús resalta en el pasaje de Mateo 5, citado al principio de esta conclusión. Jesús dice que venimos al altar ante Dios, buscando ofrecerle lo mejor de nosotros, y nos damos cuenta de que nuestro hermano tiene algo contra nosotros. Para Jesús esa relación debe ser restaurada primero, de manera que podamos disfrutar de nuestra relación con Dios. Para que podamos estar ante Dios con una conciencia limpia, la persona ofendida toma prioridad.

A veces puede que sea necesario que escribamos una nota para pedir disculpas, como hizo una mujer después de hablar mal: «Lamento que le mandé mi mensaje de una manera innecesaria y reprochadora. Por favor, perdóneme y pido que pase por alto esto; sepa que en ese momento estaba atareada y hablé impulsada por la frustración, porque estoy muy tensa. Por favor, perdone mi conducta infantil. ¿Me perdona?».

Ella hizo contacto rápido y humildemente. Le suplicó a la otra persona que le perdonara. Lo hizo con la esperanza de que se reconciliaran y estén en términos amigables de nuevo. También sé que lo hizo porque sabía que su relación con Dios no sería la correcta hasta que hiciera las paces. Hacer la pregunta hizo que supiera si había sido perdonada y permitió que la otra persona pudiera otorgarle el perdón.

En el mostrador de ventas elevamos el volumen de nuestra voz para quejarnos y atacamos al empleado con comentarios despreciativos acerca de la compañía. Luego, al instante, cambiamos nuestro tono. «Necesito pedir disculpas por ese horrible comentario. Actué mal. Usted no merecía eso. ¿Me perdona por favor?».

En un mensaje electrónico a un colega, lo criticamos por no cumplir un proyecto. Después que pulsamos enviar, constatamos que nos sobrepasamos. Lo más rápido que podemos, corremos a la oficina de esa persona y le decimos: «Hola, me siento muy mal con ese mensaje que acabo de enviarte. Me sobrepasé. Nunca me hablaste así cuando te fallé en algo, al contrario, has sido muy gentil. Soy un estúpido. ¿Me perdonas, por favor?».

Durante la cena en el hogar, comenzamos a corregir a un adolescente impertinente y paramos de inmediato, luego decimos: «Me equivoqué al reaccionar de esta manera, sobre todo al agregar cosas que no era necesario que dijera. Lo siento. ¿Me perdonas? Después, vamos a enfocarnos en lo que te inquieta».

En un mensaje electrónico a unos cuantos colegas —que comenzó como una invitación a una liga de futbol—, divulgamos información acerca de otro colega que fue arrestado por conducir ebrio y que después se mudó a vivir con su madre porque su esposa lo echó de la casa. Cuando otros comienzan a responder, sentimos que lo que divulgamos no solamente es malo sino que también nuestro propósito lo es; fuimos vindicativos porque la persona no nos había tratado con bondad. Después vamos personalmente a cada persona que ha recibido el mensaje electrónico y pedimos disculpas. «Me extralimité en lo que dije. Necesito pedirte que me perdones».

¿Fácil de hacer? Usualmente no lo es. ¿Es lo correcto y mejor de hacer? Siempre.

Sabemos que esto es lo correcto y lo mejor por hacer porque esperamos que las personas hagan lo mismo con nosotros si los papeles se invierten. Cuando estamos ofendidos, no queremos que las personas nos ignoren. No apreciamos oír: «No te enojes tanto». No podemos tolerar cuando dicen: «Lo siento», pero no les interesan nuestros sentimientos. Por otro lado, nuestro corazón se enternece cuando la persona se acerca rápida y humildemente para expresar que lo lamenta, que busca perdón y nos pregunta qué puede hacer para corregir el error.

Volvamos a la regla de oro de la comunicación verdadera.

RECONOCIMIENTOS

Quiero agradecer a Joy Eggerichs Reed, mi hija y agente; y a Matt Baugher, al vicepresidente y editor de W Publishing Group, por el intercambio de ideas acerca del libro y el excelente título de Matt. A todos les gustó, aunque las personas que me conocen como pastor a veces piensan que estoy diciendo: «Antes que decida pecar». Puede que haya cierta verdad al respecto.

Mi agradecimiento a Kevin Harvey, que me ayudó a editar el libro y gentilmente sirvió al lector borrando lo innecesario y ambiguo.

Por la lectura final del manuscrito, estoy en deuda con Paula Major, Karen Cole y Joel Kneedler por sus correcciones y recomendaciones. Este es un trabajo minucioso. ¡Gracias!

Deseo expresar mi aprecio al equipo de una docena de líderes de Thomas Nelson que se reunieron conmigo por varias horas para tratar la necesidad que hay en la sociedad de pensar antes de hablar. Estoy agradecido por sus valiosas sugerencias. Ese fue un tiempo agradable e inspirador para mí.

Un especial agradecimiento a mi hermana Ann, que a último momento encontró varios errores de tipografía. Pedí que me ayudara porque no hay otra mejor para corregirme.

Estoy agradecido por el amor y el respeto que me mostró Sarah mientras escribía este libro. Ella cree en mí y en el mensaje de este libro, y se ha sacrificado en muchas áreas para que este proyecto sea una realidad. Gracias, Princesa, especialmente por tus oraciones.

APÉNDICE

¿Le gustaría evaluarse?

En cada una de las cuatro categorías, verdad, bondadosa, necesaria y clara, hemos provisto veinte principios. Estos se agrupan en uno de los cuatro o cinco grupos mayores. Si está interesado en avaluarse a sí mismo para conocer sus áreas fuertes y en qué necesita mejorar el contenido y la transmisión de su comunicación, revise la página www.BeforeYouHitSend.org para participar de nuestra encuesta.

Por ejemplo, en la categoría de comunicación necesaria, responderá preguntas como esta en la encuesta:

EL QUE INTERRUMPE («Las personas me dicen que les interrumpo innecesariamente, pero lo que digo es importante»).

○ Muy parecido a mí
○ Algo parecido a mí
○ Neutro

O No muy parecido a mí
O Absolutamente, no se parece a mí

Esto pertenece al grupo egocéntrico. Si ha respondido: «Muy parecido a mí», eso señala que usted habla lo que es innecesario porque está muy preocupado consigo mismo y en lo que solamente es importante para usted. Sin embargo, no concluimos que sea definitivamente egocéntrico a menos que responda de manera similar a varias otras interrogantes en este grupo.

EL ENTROMETIDO («Aunque no sepa los detalles, tengo que inmiscuirme para poder avanzar mi causa»).

O Muy parecido a mí
O Algo parecido a mí
O Neutro
O No muy parecido a mí
O Absolutamente, no se parece a mí

Si respondió: «No muy parecido a mí», quizás no pertenezca al grupo egocéntrico. Eso depende de cómo responda a las preguntas en este grupo. Basado en sus respuestas, la encuesta revela una evaluación útil de sus fortalezas y desafíos en su manera de comunicarse.

Otra vez, visite la página www.BeforeYouHitSend.org para la encuesta (disponble en inglés) y recibirá varias recomendaciones de cómo mejorar su comunicación en una agrupación particular.

¡Disfrute!

NOTAS

Introducción

1. Ken Broda-Bahm, «Dance Like No One Is Watching; Email Like It May One Day Be Read Aloud in a Deposition», *Persuasive Litigator* (blog), 28 julio 2016, www.persuasivelitigator.com/2016/07/dance-like-no-one-is-watching-email-like-it-may-one-day-be-read-aloud-in-a-deposition.html.

2. «By the Numbers: 73 Incredible Email Statistics», *DMR*, actualizado 12 agosto 2016, expandedramblings.com/index.php/email-statistics/.

3. «The Top 20 Valuable Facebook Statistics», Zephoria Inc., actualizado noviembre 2016, https://zephoria.com/top-15-valuable-facebook-statistics/.

4. David Sayce, «10 Billions Tweets», acceso noviembre 14, 2016, www.dsayce.com/social-media/10-billions-tweets/.

5. «13 People Who Got Fired for Tweeting», *Business Insider*, acceso 14 noviembre 2016, www.businessinsider.com/twitter-fired-2011-5?op=0#dont-tweet-bad-things-about-your-potential-employer-1.

6. Jon Ronson, «How One Stupid Tweet Blew Up Justine Sacco's Life», *New York Times*, febrero 12, 2015, www.nytimes.com/2015/02/15/magazine/how-one-stupid-tweet-ruined-justine-saccos-life.html?_r=0.

7. Seth Godin, «Email Checklist», *Seth's Blog*, acceso 14 noviembre 2016, sethgodin.typepad.com/seths_blog/2008/06/email-checklist.html.

8. *Socrates*, Essential Thinkers Series, Collector's Library (New York: Barnes and Noble Books, 2004).

9. En *The Children's Story Garden*. Compilación de historias por un comité de la reunión anual de Filadelfia: Anna Pettit Broomell, Emily Cooper Johnson, Elizabeth W. Collins, Alice Hall Paxson, Annie Hillborn, y Anna D. White. Ilustrado por Katharine Richardson Wireman y Eugénie M. Wireman. Publicado en 1920 por J. B. Lippincott Company, Filadelfia.

10. Robert Fulghum, *Todo lo que realmente necesito saber lo aprendí en el parvulario*. (Barcelona: Palza & Janes Editores, 1989).

11. James Clear, «Vince Lombardi on the Hidden Power of Mastering the Fundamentals», *James Clear* (blog), acceso 14 noviembre 2006, jamesclear.com/vince-lombardi-fundamentals.

Capítulo 1: ¿Es verdad?

1. Charles Dickens, *Grandes esperanzas* (Editorial del cardo, 2006), p. 44.

2. David H. Freedman, «Lies, Damned Lies, and Medical Science», *The Atlantic*, noviembre 2010, www.theatlantic.com/magazine/archive/2010/11/lies-damned-lies-and-medical-science/308269/.

3. Abraham Lincoln, de una carta a George E. Pickett, datada 22 de febrero de 1842, en Ida M. Tarbell, *The Life of Abraham Lincoln*, vol. 2 (New York: Cosimo, 2009), pp. 277–78.

4. Elon Foster, *New Cyclopaedia of Prose Illustrations* (New York and London: Funk and Wagnalls, 1872), p. 355.

5. Kent Bach, «The Top 10 Misconceptions About Implicature», 2005, http://userwww.sfsu.edu/kbach/TopTen.pdf.

6. *Cycling News*, «Lance Armstrong Refutes Allegations», 20 julio 1999, http://autobus.cyclingnews.com/results/1999/jul99/jul20.shtml.

7. En *Christian Teen Talk*, de la serie Sopa de Pollo para el Alma, «No, Really... Barney Ate My Report Card!» (New York: Chicken Soup for the Soul, 2008), p. 41.

8. Khaled Hosseini, *The Kite Runner* (New York: Riverhead Books, 2013), p. 18.

9. Eileen Ogintz, «Why Modern Millennial Vacations Are All About Bragging Rights», Fox News, 29 julio 2016, www.foxnews.com/travel/2016/07/29/why-modern-millennial-vacations-are-all-about-bragging-rights.html.

10. Letter to John Bellows fecha 11 abril 1883, http://www.twainquotes.com/Lies.html.

11. Dictado autobiográfico, 2 diciembre 1906, publicado en *Autobiography of Mark Twain, Volume 2* (Oakland: University of California Press, 2013), http://www.twainquotes.com/Lies.html.

12. Benjamin Franklin, *Autobiography. Poor Richard. Letters.* (New York: D. Appleton, 1904), p. 246.

13. Meg Wagner, «Decade After Funeral, Woman Presumed Dead Talks About Mistaken ID», 28 abril 2016, http://www.nydailynews.com/news/national/decade-funeral-woman-presumed-dead-talks-mistaken-id-article-1.2617753.

14. Dale Carnegie, *How to Win Friends and Influence People* (New Orleans: Cornerstone Publishing, 2005), p. 129, images.kw.com/docs/2/1/2/212345/1285134779158_htwfaip.pdf.

15. Fyodor Dostoyevsky, *The Brothers Karamazov*, Book II: An Unfortunate Gathering, «The Old Buffoon», http://www.online-literature.com/dostoevsky/brothers_karamazov/7/.

16. William Shakespeare, *The Tragedy of Hamlet, Prince of Denmark*, acto 1, escena 3, shakespeare.mit.edu/hamlet/hamlet.1.3.html.

17. Lauren Zander, «The Truth About People-Pleasers», *Huffington Post* (blog), 20 octubre 2015, www.huffingtonpost.com/lauren-zander/the-truth-about-peopleple_b_8333166.html.

18. K. W. Stout, «Confessions of a Former People Pleaser (and Why You Should Stop Being One)», *Health Mind Power*, 22 enero 2015, healthmindpower.com/confessions-former-people-pleaser-stop-one/.

19. H. Mann, X. Garcia-Rada, D. Houser, and D. Ariely, «Everybody Else Is Doing It: Exploring Social Transmission of Lying Behavior», PLOS ONE, 15 octubre 2014, http://journals.plos.org/plosone/article?id=10.1371/journal.pone.0109591.

20. *AskReddit*, 20 noviembre 2012, https://www.
reddit.com/r/AskReddit/comments/13i1m0/
lies_beget_more_lies_once_you_start_lying_you/.

21. Pierre Corneille, *Le Menteur* (1644), acto 3, escena 5, en *The Encarta Book of Quotations*, ed. Bill Swainson (New York: St. Martin's Press, 2000), p. 233.

22. Vittorio Alfieri, *Virginia*, acto 2, escena 3, en *Hoyt's New Cyclopedia of Practical Quotations* (New York: Funk and Wagnalls, 1922), p. 485.

23. Ralph Waldo Emerson, «The American Scholar», un discurso en la Universidad de Harvard, 1837, in *Emerson: Essays and Lectures* (New York: Library of America, 1983), p. 62.

24. «Weasel word», *Wikipedia*, actualizado 8 enero 2017, https://en.wikipedia.org/wiki/Weasel_word.

25. Isabel Fonseca, *Bury Me Standing: The Gypsies and Their Journey* (New York: Vintage, 1996), 15.

26. Theodore Roosevelt, *The New Nationalism* (New York: Outlook, 1910), pp. 115–16.

27. Michael Josephson, «The Truth About Trust and Lies», *What Will Matter* (blog), acceso 15 noviembre 2016, whatwillmatter.com/2016/09/truth-trust-lies/.

28. Plato, *Cratylus*, en *Plato in Twelve Volumes*, vol. 12, trans. Harold N. Fowler (Cambridge, MA: Harvard University Press, 1921), 435, www.perseus.tufts.edu/hopper/text?doc=Perseus%3Atext%3A 1999.01.0172 %3Atext%3DCrat.%3Apage%3D435.

29. Mark Twain, *Mark Twain at Your Fingertips: A Book of Quotations*, com. and ed. Caroline Thomas Harnsberger (Mineola, New York: Dover Publications, 2009), p. 484.

30. Mark Twain, *Las aventuras de Huckleberry Finn* (Editorial del cardo, 2006), p. 117.

Capítulo 2: ¿Es bondadoso?

1. *Bambi*, directed by David Hand (Burbank, CA: Walt Disney Pictures, 1942).

2. Blake Skylar, «Do Social Networking Sites Create Anti-Social Behavior?» *People's World*, 8 agosto 2011, www.peoplesworld.org/article/do-social-networking-sites-create-anti-social-behavior/.

3. Luma Simms, «From Salem to DC: Mary Eberstadt's Analysis of the Dangerous Religion of Secular Progressivism», *The Public Discourse*, Witherspoon Institute, 28 junio 2016, www.thepublicdiscourse.com/2016/06/17232.

4. George Eliot, *The Mill on the Floss* (n.p.: Eliot Press, 2013), p. 163.

5. Dietrich Bonhoeffer, *The Collected Sermons of Dietrich Bonhoeffer* (Minneapolis: Fortress Press, 2012), p. 144.

6. Jeffrey Marlett, «Leo Durocher», Society for American Baseball Research, acceso 15 noviembre 2016, sabr.org/bioproj/person/35d925c7.

7. Noel Sheppard, «Dr. Ben Carson Strikes Back at MSNBC's Toure Neblett: I'm No Uncle Tom», MRC NewsBusters, 26 marzo 2013, www.newsbusters.org/blogs/nb/noel-sheppard/2013/03/26/dr-ben-carson-strikes-back-msnbcs-toure-neblett-im-no-uncle-tom.

8. Charles Schulz, *Peanuts*, 15 diciembre 1964, www.gocomics.com/peanuts/1964/12/15.

9. Jon R. Stone, *The Routledge Book of World Proverbs* (New York: Routledge, 2006), p. 129.

10. Martin Luther King Jr., «I Have a Dream», speech delivered in 1963, in Eric J. Sundquist, *King's Dream* (New Haven: Yale University Press, 2009), p. 14.

11. Martin Luther King Jr., *Strength to Love* (Minneapolis: Fortress Press, 2010), p. 47.

12. Carol Harker, «Coach», *Iowa Alumni Magazine*, diciembre 1989, www.iowalum.com/magazine/dec89/coach.cfm?page=all.

13. Franklin D. Roosevelt: «Radio Address to the Young Democratic Clubs of America», 24 agosto 1935, online by Gerhard Peters and John T. Woolley, *The American Presidency Project*, www.presidency.ucsb.edu/ws/?pid=14925.

14. Emily Post Quotations, The Emily Post Institute, accesso 15 noviembre 2016, http://emilypost.com/aboutemily-postquotations.

15. Audrey Hepburn in «Audrey Hepburn, Many-Sided Charmer», *Life*, 7 diciembre 1953, p. 132, https://books.google.com/books?id=O0kEAAAAMBAJ&printsec=frontcover&source=gbs_ge_summary_r&cad=0#v=onepage&q&f=false.

16. George MacDonald, *Complete Works of George MacDonald* (Hastings, UK: Delphi Classics, 2015).
17. C. G. Jung, *The Collected Works of C. G. Jung: Complete Digital Edition* (Princeton: Princeton University Press, 2014), p. 144.

Capítulo 3: ¿Es necesario?

1. Tiffany Bloodworth Rivers, «Tweets, Text and Chats, Oh My! 5 Ways to Resist Workplace Distractions», *iOffice*, 27 julio 2017, https://www.iofficecorp.com/blog/tweets-text-and-chats-oh-my-five-ways-to-resist-workplace-distractions.
2. «How Do You Deal with People Who Dominate Conversation?» *Quora*, acceso 15 noviembre 2016, https://www.quora.com/How-do-you-deal-with-people-who-dominate-conversation.
3. Kingsley Martin, «Winston Churchill Interviewed in 1939: "The British People Would Rather Go Down Fighting"», *New Statesmen*, 6 enero 2014, www.newstatesman.com/archive/2013/12/british-people-would-rather-go-down-fighting.

Capítulo 4: ¿Es claro?

1. Anthony Hope Hawkins, «A Very Fine Day», *Collected Works of Anthony Hope* (Hastings, UK: Delphi Publishing, 2016).
2. Rudyard Kipling, «I Keep Six Honest Serving Men», The Kipling Society, acceso 16 noviembre 2016, www.kiplingsociety.co.uk/poems_serving.htm.
3. Stephen R. C. Hicks, *Explaining Postmodernism: Skepticism and Socialism from Rousseau to Foucault* (Tempe and New Berlin/Milwaukee: Scholargy Publishing, 2004), p. 184.
4. Dan O'Neill, «Yogi Berra's Commencement Address at St. Louis University», *St. Louis Post-Dispatch*, 27 mayo 2007.

ACERCA DEL AUTOR

El doctor Emerson Eggerichs, es un conferencista internacionalmente reconocido acerca del tema de las relaciones hombre-mujer y la dinámica familiar. El doctor Eggerichs ofrece conferencias a un público en distintos lugares del país sobre *Amor y respeto*, basado en más de tres décadas de consejería como también en investigaciones bíblicas y científicas. Esta conferencia dinámica y transformadora está impactando al mundo, resultando en la sanidad y la restauración de innumerables relaciones.

Muy reconocido como conferencista dinámico, el doctor Eggerichs ha dictado charlas ante un auditorio muy variado, incluidos los dueños y entrenadores de la Liga Nacional de Futbol (NFL), los jugadores de la organización de golf PGA y sus esposas durante los campeonatos, los Gigantes de Nueva York, el equipo Miami Heat, a miembros del Congreso y al equipo de las fuerzas especiales de la marina de los Estados Unidos. Sin embargo, el mayor honor para él fue la invitación del alto comando militar para hablar a las tropas en el Medio Oriente.

El doctor Eggerichs tiene una licenciatura en Estudios Bíblicos otorgada por el Wheaton College, una maestría en Artes con especialidad en Comunicación de la escuela graduada Wheaton College y una maestría en Divinidad otorgada por el Seminario Teológico de la Universidad de Dubuque, así como también un doctorado en Filosofía con especialidad en Ecología Infantil y Familiar otorgado por la Universidad del Estado de Michigan. Ha escrito varios libros, incluido el más vendido según el New York Times *Amor y respeto*, *Amor y respeto en la familia* y *Madre e hijo: el efecto respeto*.

Antes del lanzamiento de las conferencias *Amor y respeto*, el doctor Eggerichs fue pastor principal de la Iglesia Trinidad en Lansing, Michigan, por casi veinte años. Emerson y su esposa, Sarah, han estado casados desde 1973 y tienen tres hijos adultos. Él es el fundador y presidente del Ministerio Amor y Respeto.

⁓

Para obtener más información,
por favor visite
Love and Respect Ministries
en LoveandRespect.com

También puede dar me gusta a la página de Facebook y
seguirlo en Twitter e Instagram
@Loverespectinc.